キーワード
子ども理解と心理援助

基礎知識から教員採用試験対策まで

中島義実 著

北大路書房

はじめに

　本書は，教育にかかわる心理学の学びのための教科書シリーズの1冊であり，以下の4つの特色をもっている。

1．生徒指導・教育相談などの基礎的知識の学びに適している

　本書はまず，教職を志して大学などで学んでいる学生を念頭において執筆したものであり，教育職員免許法上の位置づけとしては施行規則第6条「別表第1」の第4欄「生徒指導，教育相談及び進路指導等に関する科目」の基礎的知識の部分を学ぶための教科書となっている。

　さらにそれらの内容の基礎となる，子どもの発達理解まで掘り下げて学ぶ内容とした。

　現場における諸問題への具体的対応などの実践的部分は他書にゆずったが，本書も単なる知識の羅列にはとどまらず，現場でどのように発想して実践の糸口を見出していくかということへと目を向ける内容となっている。

2．教員採用試験対策に活用できる

　タイトルにも示したように，初学の段階から教員採用試験対策に活用する段階まで用いることができるものとした。

　試験対策時にあらためて参考書や語句集などを購入しなくてもすむよう，重要なキーワードを手早く見つけられるように側注に抜き出し，またできるだけ図表による整理を試みた。なお，筆者が重要だとする語句を別途太字で強調した。

3．現職教員にも役立つ内容が盛りこまれている

　上記のように学部学生を念頭においた本書であるが，すでに教職についておられる先生方にも活用していただくことを願っている。

　「チーム学校」など様々な連携が重視される今日であるが，たとえばカウンセリングに対する過大なあるいは過小な誤解が無用な摩擦やかみ合わなさを生むことが，スクールカウンセラー導入から20年以上経った今でも一部にはあるようである。校外含め様々な職種との対話を少しでもスムーズにすることに，本書が基礎的知識の再確認として貢献できれば幸いである。

また，教師自身の実践力向上にも役立つよう，子どもや保護者との対話で有用な対話技法なども紹介した。

　さらに今日，発達障害への関心が高まる一方で，目の前のこの子どもをどう理解し何をすればよいのかという戸惑いもあるかもしれない。詳細はぜひ専門書にあたっていただきたいが，通常学級の担任として当座の指針となるであろうことを書き記した。

4. 心理学の知識はあくまでもツールのひとつであることを示している

　以上の目的で臨床心理学を中心とした心理学の基礎知識を紹介していくが，これらはいわば子どもを理解し援助していくときに必要に応じて用いていくツール（道具）のようなものである。

　大切なのはあくまでも，生きてふれあう子ども一人ひとりである。

　日々のかかわりのなかで，生身で得ていく様々な感触，それらをたよりに子どもたちを理解するのが本道である。

　心理学の知識はこのときに補助役となるツールである。より幅広く子どもを理解し援助を柔軟にしていくための，あくまでも手段のひとつである。

　だからこそ，その性質を長短あわせ知り，適切に用いることができるように学んでおきたい。ツールを危険な手段としてしまわないためでもある。

　本書の執筆にあたっては，内外の多くの方々の研究や実践の成果を引用，あるいは参考にさせていただいた。学校教育や心理臨床，地域づくりなどの現場からのご助言もいただいた。それらの方々に，この場を借りて心からお礼を申し上げたい。

　本書の企画の段階から出版に至るまで，北大路書房の奥野浩之氏ならびに同編集部の大出ひすい氏には全面的に大きくお世話になった。心より厚くお礼を申し上げる次第である。

　　2019年2月

　　　　　　　　　　　　　　　　　　　　　　　　　　　　　中島義実

目 次

はじめに

1章 パーソナリティという視点からみる　1

1. パーソナリティ理論をなぜ学ぶのか　2
   (1) パーソナリティ理論とは　/(2) パーソナリティ理論を学ぶ意義
2. 類型論と特性論　4
   (1) 類型論　/(2) 特性論
3. 学習理論　8
   (1) 学習理論によるパーソナリティ理解　/(2) 学習理論に基づくはたらきかけ
4. 精神分析理論（力動論）　13
   (1) 精神分析理論（力動論）によるパーソナリティ理解
   (2) フロイトによる精神分析の提唱　/(3) 局所論　/(4) 構造論
   (5) 力動論と適応論　/(6) 精神分析療法とそこから学べること
   (7) 精神分析理論に基づくはたらきかけ　/(8) 精神分析理論の長所と短所
5. 人間性心理学（現象学的理論）　22
   (1) 人間性心理学（現象学的理論）によるパーソナリティ理解　/
   (2) マズローの欲求階層説　/(3) ロジャーズの自己理論　/
   (4) 自己理論に基づくはたらきかけ：積極的傾聴　/
   (5) パーソナリティに建設的な変化が生じるための必要十分条件（6条件）　/
   (6) 省略形における留意事項　/(7) ロジャーズの人間性心理学の長所と短所　/
   (8) ロジャーズの理論と活動の展開

2章 カウンセリングの姿勢と技法を用いる　35

1. カウンセリングとは　36
   (1) ツールとしてのカウンセリングの基本要素　/
   (2) 教師の仕事のなかでのカウンセリング：本書の立場　/
   (3) 教師という立場の利点と留意点
2. カウンセリングの基本的な姿勢と発想　39
   (1) カウンセリング・マインドという用語をめぐって　/(2) 関係づくりの発想と方法
3. 積極的傾聴の基礎的な技法　42
   (1) 常に用いる「聴き入る」技法　/(2) 話を聴き始めるときに用いる技法　/
   (3) 語りを促進する技法　/(4) 語りへの理解を進める技法
4. その他の「ちょっとした」発想と技法　47
5. 心理療法から学ぶ　48
   (1) 心理療法から活かしこむことのできるもの　/
   (2) グループアプローチを試してみる

3章　発達という視点からみる　53

1. 発達を捉える3つの軸　54
   - (1) 3つの軸と子どもたち　／(2) 認識の発達の軸とは　／
   - (3) 関係の発達の軸とは　／(4) 自己制御の発達の軸とは　／
   - (5) 発達の遅れをもたらす要因
2. 様々な領域での発達の遅れと心理援助　63
   - (1) 愛着の発達をめぐる遅れと援助　／(2) 思考の発達をめぐる遅れと援助　／
   - (3) 言語の発達をめぐる遅れと援助　／(4) 自己概念の発達をめぐる遅れと援助　／
   - (5) 遊びと仲間関係の発達をめぐる遅れと援助　／
   - (6) 道徳性の発達をめぐる遅れと援助
3. 発達課題の理論による理解と援助　78
   - (1) エリクソンのライフサイクル論　／(2) フロイトの発達論
4. 各発達段階に特有の心理的問題に対する理解と援助　88
   - (1) 幼児期の心理的問題の理解と援助　／(2) 学童期の心理的問題の理解と援助　／
   - (3) 思春期の心理的問題の理解と援助　／(4) 青年期の心理的問題の理解と援助

4章　アセスメントという視点と心理検査の活用　99

1. 教師の仕事とアセスメント　100
   - (1) アセスメントとは　／(2) 教師の仕事におけるアセスメントの方法と留意点　／
   - (3) 情報収集の様々な手法
2. 心理検査とは　106
   - (1) 検査法の要件　／(2) 心理検査の分類
3. 知能検査　110
   - (1) 知能という概念の由来と定義　／(2) 知能に関する偏見　／
   - (3) 知能検査とその発展
4. 発達検査　117
5. パーソナリティ検査　118
   - (1) 質問紙法　／(2) 作業検査法　／(3) 投映法（投影法）
6. 心理検査を活用するために　125
   - (1) テスト・バッテリー　／(2) いくつかの留意事項

もっと学びたいあなたのために　132
引用・参考文献　133
索引　139

1章
パーソナリティという視点からみる

　この章では最初のツールとして,パーソナリティという概念を学ぶ。
　心理学の歴史のなかで,様々なパーソナリティ理論が提唱されてきたが,それを学んでおくことが,子ども理解と心理援助にどのようにつながっていくのか,見ていくこととしたい。

　そもそもパーソナリティとは何だろうか。なじみのある言葉であり,なんとなくわかるような感じもするが,ではいざ「パーソナリティとは何か」と説明しようとすると,簡単ではない。だからこそ,様々な理論が唱えられてきたわけでもある。
　あらためて,パーソナリティとはどのような概念なのか。そこから始めてみたい。

　まずは担任教師となった自分を思い浮かべてみよう。
　新学期。今度担任する子どもたちはどんな子どもたちだろうか。そんな思いで教室に向かう。すでに職員室で,同僚の先生方とそのような会話をしてきたかもしれない。実はそのときすでに,パーソナリティについて,考え,語っているのである。
　教室のドアを開ける。子どもたちの姿が目に入ってくる。「この子はムードメーカーかな」「この子は落ち着きがありそうだ」。一人ひとりの「人となり」について思いがめぐる。このときやはり,パーソナリティ理論を用いていることになる。
　どういうことなのだろうか。

1. パーソナリティ理論をなぜ学ぶのか •••

(1) パーソナリティ理論とは

パーソナリティ　　パーソナリティ（personality）とは何かという定義は学者の数だけあるとも
オルポート　　　いえるが，包括的なものとしては，オルポート（Allport, 1937）が示した「置
かれた環境に応じて，その人独自の適応の仕方を決定していく心理的身体的な
諸システムが，その人のなかで動的に結びついているありよう（力動的組織）」
を挙げることができる。

　子どもたちも，それぞれ身の回りの状況に適応しようと心身を様々にはたら
かせていて，その姿やありようは一人ひとり個性的である。用いている心身の
機能（システム）は様々だが，ひとまとまりのものとして私たちの目に映り，
しかし刻一刻と動き続ける。その姿を成り立たせている一定の仕組みがあるよ
うにも思える。

パーソナリティ理　　このようなひとまとまりのものを論理的に一貫した体系で説明しようとする
論　　　　　　　心理学的な試みが，パーソナリティ理論である。「人となり」というものがい
かにして成り立つかを言語化し，論理的に体系化したものといってよい。とい
うことは，私たちが子どもたちの「人となり」を，「この子は……」と言葉に
するときに，素朴な形ではあるが，パーソナリティの理論化の最初の作業を行
っているということになるのである。

類型論　　　　　「この子は甘えん坊だねえ」といえばパーソナリティ理論のひとつである「類
型論」の発想で語っていることになり，「この子は我慢強いですよ」といえば
特性論　　　　　別の理論である「特性論」の考え方を用いていることになる。「やんちゃな子
学習理論　　　　の影響を受けまして」ならば「学習理論」だ（それぞれの内容については第2
節以降で詳述する）。

　このように私たちが日々行っている「人となり」の言語化を突き詰めていっ
たものが，心理学史上に登場したパーソナリティ理論であるといってよい。

(2) パーソナリティ理論を学ぶ意義

　様々なパーソナリティ理論が提案されてきたが，非の打ち所のない理論などひとつもない。どの理論にも長所と短所がある。短所に注意しつつ長所が活きるように用いることが望ましい。

　ということは，たとえば私たちが子どもたちを「類型論」のように捉えているならば，類型論の短所に注意し長所が活きるように，思ったり語ったりするのがよいわけだ。理論の性質を学ぶことで，子どもたちについて思いめぐらしたり語り合ったりするときに，何に気をつけ何を意図するとよいのかが見えてくる。教室や職員室での言葉の使い方ひとつから，変わってくる。そのために理論を学ぶわけだ（「理論を用いて子どもたちの実態を正確につかむ」のような目的が全くないわけではないが）。

　また，本章では代表的で古典的な5つの立場を学んでいく（表1-1）が，複数の立場を学ぶこと自体にも意義がある。

　ひとつは，様々な発想や枠組みがあることを知り，子ども理解の幅を広げられるということである。子どもたちを見る目線の可動域が大きくなり，複数仮説を常備できる。古典を学ぶのは人間理解の可能性の広さを知るためでもある。

　またたとえば前述のオルポートの定義では「パーソナリティ」という「実体」が個人の内部に画然と存在しているようにも思えるが，そのような単一の実体が本当にあるのかと問い直すことにもつながる。子どもの時期は可塑性に富み，豊かな可能性をもち，一日のなかでも様々な姿を見せる。「この子は……」と言語化するのは私たちで，パーソナリティとは私たちの側にある「視点」であり概念である。絶対的なものではなく，あくまでもツールにすぎないのだ。

　さらにいえば子どもとの関係性によって，見えてくる姿も言語化したくなる特徴も変化する。このような相対的なものであるのを忘れ，「あなたは頑固だから」のような言葉を不用意にかけてしまうと「私は頑固な人間なんだ」「そういう目で見られるんだ」と子どもが自分や周囲を限界づけてしまう。子どもの成長のために用いたいツールであったのが，絶対化して可能性を阻んでしまう。

　このことに留意するためにも，複数の立場を学び，相対的な視点をもつとよい。どのツールをいつどのように使うと子どもにとってよいか，今自分が使お

◆表 1-1　本章で学ぶパーソナリティ理論：5つの立場

種類	立場
「結果志向」「記述志向」の理論	類型論 特性論
「過程志向」「変化志向」の理論	学習理論 力動論：精神分析理論 現象学的理論：人間性心理学

類型論
特性論
学習理論
力動論
精神分析理論
現象学的理論
人間性心理学

うとしている言葉は，ツールは，子どもにとってどんな影響をもつか，吟味しておくことが重要なのだ。前述した5つの立場の長所短所に関する知識もこのときに活きる。

　本章で学ぶ5つの立場は表1-1の2種類に大別できる。ひとつは成立したパーソナリティのありようの記述に主眼をおいたものであり，もうひとつはパーソナリティが成立する過程を説明しようとするもので変化や変容を視野に入れていることが多い。前者を結果志向，後者を過程志向ということができよう。前者を記述志向，後者を変化志向とみることもできる。

personality
character
人格
性格

　ところで personality の類義語として character があり，双方とも「人格」と訳されたり「性格」と訳されたりしてきた歴史がある。語源に基づけるなど厳密に使い分けようとする論争もあった。しかし現在では包括的で価値中立的なものとして「パーソナリティ」の語を用いるのが一般的である。「人格」や「性格」と表記されていても近年のものならば同じ意味を指すと捉えてよい。

2. 類型論と特性論

(1) 類型論

類型論

　類型論とはパーソナリティをいくつかの「型」「タイプ」に分類して記述するものである。血液型性格診断を科学的に根拠づけることはできないが，話題としては盛り上がる。このようにタイプに分けて理解する発想は身近でなじみやすく，古代から様々な理論化が試みられている（表1-2）。

　どの理論も，人間の「ある側面（体型や心的エネルギー，価値観など）」の「質」に着目し，そのありようによっていくつかの「典型」「基準」を設定する。そし

◐表1-2 代表的な類型論

名称	説明
ヒポクラテス（Hippocrates）とガレノス（Galenus）の四体液説	古代ギリシャの医師ヒポクラテスは、人体を4種類の体液からなるとして、それらのバランスを重視した医療を展開。その説を引き継いだローマ時代の医師ガレノスは、どの体液が優勢であるかがパーソナリティに影響すると唱え、長く影響を与えた。近代科学的な実証性はもたないが、「黒胆汁質」の語など、近現代にもイメージの痕跡を残す。
クレッチマー（Kretschmer, E.）の気質類型論	近代実証科学による類型論の最初の試み。20世紀初頭のドイツの精神医学者としての臨床経験から、当時の三大精神病（躁うつ病・精神分裂病・てんかん。あくまで当時の疾病概念・診断体系）患者の体型に一定の傾向があることに着眼し、下記の3類型を提唱した。
シェルドン（Sheldon, W. H.）の発生的類型論	クレッチマーの説を受けてアメリカで研究。体型と胎児期の胚の発生の対応関係を見出しパーソナリティを下記のように記述。
ユング（Jung, C. G.）の向性理論	スイスの精神科医ユングは、心的エネルギーが外界の事物に向かう「外向型」と、自己の内界に向かう「内向型」を初めて分類。これに4つの心的機能（思考、感情、感覚、直感）を組み合わせた8類型（「外向思考型」「内向思考型」「外向感情型」「内向感情型」「外向感覚型」「内向感覚型」「外向直感型」「内向直感型」）を示した。ただしユングの理論全体は後述する力動論であり、そのなかに、向性理論がふくまれる。
シュプランガー（Spranger, E.）の価値類型論	ドイツの教育学者・哲学者シュプランガーは、人生の価値を何に置き、関心の中心が何であるかによって、「理論型」「経済型」「審美型」「宗教型」「政治型」「社会型」の6類型に分かれるとした。

クレッチマー：

体型	気質類型	パーソナリティ
肥満型	循環気質	社交的、活発と気弱・柔和と激昂を循環する
細長型	内閉気質	非社交的、神経質、敏感、一見鈍感・無関心
闘士型	粘着気質	几帳面、精力的、融通が利かず、迂遠、爆発

シェルドン：

体格	気質類型	発達的特徴	クレッチマーの三類型にあてはめた場合
内胚葉型	内臓緊張型	消化器官発達	肥満型
外胚葉型	神経緊張型	脳神経系発達	細長型
中胚葉型	身体緊張型	筋肉発達	闘士型

類型論は、近代では20世紀前半、主にドイツ語圏で多く唱えられた。

てそれらを基に分類枠を作り、個々人をいずれかの枠に入れていくというものだ。

このような**類型論の長所**は、パーソナリティの全体像を明瞭に端的に、かつ直感的に把握しやすいことである。さらに集団に対しても、「この学級にはお調子者タイプが多い」というように全体を見渡しやすい。分類枠の数はおのずと限られることが多いので、全体傾向も見えやすくなるのだ。

しかし同時にこれが**類型論の短所**となる。あらゆる個人を限られた分類に押しこむ無理が生じ、典型例とは多少異なる個性をもつ個人をも典型例であるかのように見てしまったり、変化や成長ということへの視点を忘れがちになった

りする。最大の難点は，一面的で固定的な，ステレオタイプ的な捉え方になってしまいがちなことである。子どもをひとたびラベリングしてしまうと，それ以外の可能性に思いが至らなくなったり，タイプに当てはまらない様々な特徴を見過ごしてしまったりする。要注意である。

　子どもたちを捉えるときに，自然と類型論的発想になっていることは多い。「甘えん坊」「意地っ張り」「ワル」など，イメージを端的につかんで伝えやすいからだが，前述したデメリットには十分注意するとよい。職員会議や担任の引き継ぎなどでそのような言葉を耳にしたときにも同様に留意しておくとよい。

(2)　特性論

特性論　　特性論とは，ある性質の強弱でパーソナリティを記述するものである。類型論で子どもたちを捉えると，わかりやすい反面，画一的になりやすい。たとえば子どもによって「甘え」の程度は様々なのに「甘えん坊」とひとくくりにされてしまうことがある。そこで，「甘え」という性質の強弱で個々人を捉え分けてみると姿のちがいが見えてくる。

　さらに子どもには「甘え」以外の特性もあることが見えてきて「Aさんは甘えの姿勢が強いが，活発さや，社交性も高い」「Bさんも甘えの姿勢がやや強いが，活発さや社交性は中くらいだ」というように，複数の特性を用いて多角的に見ることもできるようになり，個性のちがいも見えやすくなる。

特性　　特性とは，状況や時を越えてある程度一貫して見られる傾向のことである（そ
状態　うではなく，たまたま一時的に見られるものは「状態」という）。ある特性について「強い」「弱い」と程度を表現でき，数量化して測定することもできるので，たとえばクラスの子どもたちを「我慢強さ」の強い順番に並べるという
個人間差　ようなこともやろうと思えばできる（これを「個人間差を捉える」という）。また，「我慢強いが冒険心は弱い」というように，個人のなかの強みや弱みを
個人内差　比較することもできる（これを「個人内差を捉える」という）。

　このように多面的に，精密に，時には計量的に捉えることができるのが**特性論の長所**である。表1-3にも見られるように，数学的手法を用いた研究が現代まで重ねられてきており，いくつものパーソナリティ検査に結実していることにもそのような長所の現れを見て取ることができる。諸特性の強弱の多様性が

● 表 1-3　代表的な特性論

名称	説明
オルポート (Allport, G. W.) の特性論	アメリカの心理学者。パーソナリティは諸特性からの構成であると初めて唱え，特性語リストを作成。特性の強弱をプロフィール図（折れ線グラフ）に描く「心誌（サイコグラフ）」を提案した。
ギルフォード (Guilford, J. P.) の特性論	アメリカの心理学者。パーソナリティ特性を捉える従来の検査の質問項目を，因子分析という数学的手法（多数の質問項目などを，背後にある関連性を基に少数にまとめる）により13の因子にまとめた。我が国で多用されている「Y-G 性格検査」はこの研究を基にしている。
キャッテル (Cattell, R. B.) の特性論	アメリカの心理学者。辞書から抽出した特性を表す単語を因子分析し，16の因子を抽出，16PF 人格検査というパーソナリティ検査を開発した。
アイゼンク (Eysenck, H. J.) の特性論	イギリスの心理学者。パーソナリティを**4つの階層**からなる構造として捉えた。最下層の日常の具体的行動での反応を，その上位の習慣的反応がまとめ，それらをさらに上位でまとめるのが特性であるとした。特性を，さらにその上位の「外向性-内向性」などの**類型の次元**がまとめるとし，MPI（モーズレイ人格検査）を開発した。
ビッグ・ファイブ理論	最新の特性論である。コンピュータが発達し大量データによる特性用語の因子分析を多くの研究者が行った結果，多くが5つの因子に収束する結果を示したことに基づく。特性を表す因子の名称は，研究者による命名や翻訳によって異同があるが，ここでは「外向性-内向性」「愛着性-分離性」「統制性-自然性」「情動性-非情動性」「遊戯性-現実性」の語を示しておく。

特性論は近代実証科学として，英米圏を中心に研究されている。

見えやすく画一的な見方をまぬがれ，量的に示されるので変化や成長を考えることにつながりやすい（類型論は質的分類なので，ここに思いが至りにくい）。

では**特性論**の短所はないのだろうか。一言で言えば，パーソナリティの全体像を一言で端的に言い表していないということである。もともとそれをめざしたわけではなく，類型論が端的すぎるのを克服しようとしたので自然なことではあるのだが，いったい何種類の特性を測定すれば，その人の全体をつかんだことになるのか，はてしない議論が続くことになる（表1-3の最新理論であるビッグ・ファイブ理論にも異論が存在する）。

このように，類型論と特性論とは**相補的な関係**にある。類型論の短所を克服するのが特性論であり，特性論の短所を補うのが類型論である。実際，特性論によって開発されたパーソナリティ検査の結果を「このプロフィールならばＡタイプ」というように類型論にもちこんで解釈することは多くなされている。

子どもたちについても，最初に言葉になるのは類型論的なものであることが多いだろう。職員室での同僚たちとの語り合いもまずはそうなりがちだ。類型

論の明瞭さが作用してコミュニケーションが効率的に開かれる。しかし往々にして効率性に甘んじて一面的で固定した見方にとどまってしまいやすい。そうならないために、子どもたちと過ごす月日が重なるにつれて、様々な面、つまり特性が見えてきているはずなので、それらをも言葉にしていき、特性論の多面性を活かした柔軟で豊かな理解をしていきたい。

一見、負の意味の特性用語も裏を返せば必ず正の意味をもつことに留意しておくと、「可能性」の視点で子どもを見ることもできる。「協調性がない」なら「独自性がある」、「消極的」なら「奥ゆかしい」だ。「ひねくれ能力」のように、負の意味の特性用語に無理矢理「能力」とつけてみる（神田橋, 1990）と、たとえば「この子はひねくれているように見えるが、物事を丸のみせず自分の見方で再検討してみる能力があるのかもしれない」などと連想され、建設的な理解への一歩となる。創造的な発想で個々人の持ち味を引き出したい。

さらに言えば、この子どもは「消極性」という「特性」をもっているといってしまってよいのか、それとも様々な状況のなかで今たまたまそうなっているだけの「状態」ではないのか、と問い直すことも重要である。

3. 学習理論

(1) 学習理論によるパーソナリティ理解

学習理論とは、観察や測定ができる事柄の関連性から行動の変化などを説明するものであり、経験によって比較的永続的な行動の変化が生じることを「学習」とよんでいる。

学習理論によるパーソナリティ理解とは、「学習」の集積が「習慣」であり、パーソナリティとは単にその「習慣」が集積したものにほかならないというものである。理論としてはシンプルで、柔軟に用いることができる。

第2節でパーソナリティを記述する立場を2つ学んできたが、教育現場ではやはり変化や成長を考えたい。子どもたちの言動が変わってきたと感じるとき、「新しいクラスメイトの影響を受けたね」というような発想は比較的浮かびやすい。観察できる事柄との影響関係から変化が起きたという考えであり、これ

が学習理論によるパーソナリティ理解にあたる。　　　　　　　　　　　　　　　　　学習理論

　パーソナリティとは習慣の集積であり，習慣とは学習の集積なのだから，望　　習慣
ましくない習慣は「誤学習」なので「再学習」すればよく，まだ身についてい　　学習
ない習慣は「未学習」なので「学習」すればよい。コンパクトで可塑性のある　　誤学習
立場であり，教育現場にはすでに多数，気づかれないまま存在している。　　　　未学習

　ではその学習はどのようにして生じるのか，実験心理学により様々なパター
ンが見いだされてきた。代表的な理論を表1-4に掲げた。刺激と反応の結合で
学習を説明する連合説に始まり，次第に学習する主体における過程に注目する
ようになり，内的な認知の成立が学習であるとする認知説も登場した。1つの
理論で全てを説明しようとする議論も過去にはあったが，現在では様々な状況
に応じて複数の学習原理が作用していると捉えられている。

　学習理論の長所はやはり，シンプルで柔軟なことである。子どもの人物全体
の価値に言及せず，標的行動さえ望ましいものに変化すればよいので，見る目　　標的行動
が固定的になりにくい。「悪い子」なのではなく，「今たまたま習慣化している
行動が望ましくない」だけである。内面に深入りしすぎることもない。

　しかしその点が**学習理論の短所**でもあり，「気持ちを聴いてほしい」「事情を
わかってほしい」という思いにこたえることを見過ごしがちになる。人間の内
面の価値を顧慮していないという批判も成り立つ（だから柔軟なのであるが）。
複雑な物事を単純に捉えすぎたり，表1-4「道具的条件づけ」の「強化子」に
よる変化をねらう点などが敏感な子どもからは「ご褒美で釣ろうとするのか」
と反発を招いたりすることもある。

　問題状況を「刺激と反応の悪循環」と捉え「ならば刺激の出し方を変えてみ
よう」と思いつきやすいのも長所だが，子ども自身がこちらの意図したように
刺激を認知できていないと，ことが進まない。また標的行動ばかりに目がいっ
てしまい，子どもの他の行動を見過ごしてしまうことにも留意が必要である。

　観察や測定ができる行動に着眼するので教師間で共有しやすく，成長の過程
を可視化しやすいのも長所である。他方で目に見えないところで起きている変
化に気づきにくいこともある（留意すれば可能である）。長所がすなわち短所
ともなる点に留意して用いていくとよい。

●表 1-4　代表的な学習理論

名称	説明
古典的条件づけ（レスポンデント条件づけ）	環境からの刺激を重視して学習を説明する連合説のひとつ。ロシアのパブロフ（Pavlov, I. P.）の犬による実験が有名。無条件刺激（エサなど）を提示すれば無条件反応（唾液の分泌）が生じるが、中性刺激（ベルの音など）には聞き耳を立てるだけだ。そこで無条件刺激と中性刺激の対呈示を反復していく（強化という）と、ベルの音だけで唾液分泌が生じるようになる。ベルの音が条件刺激となり唾液分泌という条件反応が生じる条件づけ学習の成立である。情動、気分、感情など内分泌系にかかわる。アメリカのワトソン（Watson, J. B.）は人間のあらゆる行動を条件づけで説明でき操作できるとして「私に1ダースの子どもを預ければそれぞれを望みどおりの人間に仕立てよう」と述べ行動主義を唱えた。
道具的条件づけ（オペラント条件づけ）	連合説のひとつ。アメリカのスキナー（Skinner, B. F.）のネズミによる実験が有名。バーに触れるとエサが出るしかけの箱（スキナーボックス）のなかにネズミを入れておくと、自発的に動き回ったりあちこち触ったりする（オペラント行動）。そのうちたまたまバーに触れるとエサ（強化子という）が出てくる。するとしだいにネズミのバー押し行動が増し、さかんに押すようになる。強化子によって標的行動が強化されるという条件づけ学習が成立したのである。癖や習慣など自発的行動の形成や変化に大きくかかわる学習のパターンである。
試行錯誤学習	連合説のひとつだが、学習する主体の自発的行動をより重視したもの。アメリカのソーンダイク（Thorndike, E. L.）の猫による実験が有名。一連の操作（特定のひもを引いた後、特定の台を踏む、など）によって脱出できるしかけの「問題箱」に空腹の猫を閉じこめると、猫は様々な試行錯誤を繰り返し、やがて一連の操作にたどり着き、脱出する。これを反復すると、誤反応が消去され正反応が強化されることで、短時間で脱出できるという学習が成立する。満足をもたらす反応は、その場面と強く連合するのである。これを「効果の法則」と名づけた。
洞察	学習する主体を重視する認知説のひとつ。ドイツのケーラー（Köhler, W.）のチンパンジーを用いた実験が有名。バナナを高い位置に置き3つの箱を重ねなければ届かない状況や、檻の外に置き長短2種類の棒を用いなければ引き寄せられない状況におくと、チンパンジーはしばらく事態を観察し、ある瞬間に全体の見通しを得たように複数の行動を組み合わせて解決する。瞬間的な洞察という認知学習がなされたのである。
モデリング	強化をともなわない学習。社会的学習ともよばれる。アメリカのバンデューラ（Bandura, A.）の子どもと映像による実験が有名。大人がおもちゃを乱暴に扱う映像を見せた後の子どもの自然な行動を観察したところ、同様に乱暴に扱う行動が増えた。また映像の大人に報酬が与えられると乱暴な行動が、より増すことから、代理強化が生じることも示した。

（余白注）古典的条件づけ／レスポンデント条件づけ／連合説／パブロフ／無条件刺激／無条件反応／強化／条件刺激／条件反応／ワトソン／行動主義／道具的条件づけ／オペラント条件づけ／スキナー／強化子／試行錯誤学習／ソーンダイク／効果の法則／洞察／認知説／ケーラー／モデリング／社会的学習／バンデューラ／代理強化

(2) 学習理論に基づくはたらきかけ

　学習理論を具体的にどのように用いていけばよいであろうか。

　本節から第5節にかけて学んでいく3つの立場はどれも変化を志向するものであり、どのように子どもにはたらきかけるとよいか、そのヒントを得ていく

●表1-5　強化と弱化の種類と用い方の例

	「正の」：刺激を加える	「負の」：刺激を減ずる
「強化」：標的行動の生起確率を高める	「正の強化」：報酬的刺激を加える。望ましい行動に対してほめる，など。	「負の強化」：嫌悪刺激を減ずる。望ましい行動に対して罰を免除する，など。
「弱化」：標的行動の生起確率を低める	「正の弱化」：嫌悪刺激を加える。望ましくない行動に対して罰を与える，など	「負の弱化」：報酬的刺激を減ずる。望ましくない行動に対して遊びを制限する，など。

> 正の強化
> 負の強化

> 正の弱化
> 負の弱化

ことができる。変化をめざすはたらきかけに理論の主眼があり，専門家が行えば「心理療法」ということになる。

　連合説は行動理論ともよばれ，変化をもたらす基本は「強化」「弱化」である。標的行動が増すようにするのが「強化」であり，減るようにするのが「弱化」である。望ましい行動と望ましくない行動を例として，考えられる「強化」「弱化」の用い方の例を表1-5に示した。「正の」は刺激を加えることで，「負の」は刺激を減ずることである（標的行動が望ましいものかどうかとは関係がないので注意すること）。

> 連合説
> 行動理論

　教育場面での報酬的刺激としては「ほめる」「認める」がまず挙げられるが，学校では「すごい！」などの「ほめる」の安売りはよくない。できるようになって当たり前のことを学んでいるわけでもあるので，「よし，できたね」「できているよ」と「認める」だけで十分な報酬となる。嫌悪刺激は「罰」が典型であるが教育場面では適度な強度にして与え方を工夫する。「注意する」「叱る」などは「先生が相手をしてくれた」という報酬的刺激にもなり得ることに留意が必要だ。望ましくない行動を減少させたいときは正の弱化より負の弱化の方がわかりやすく効果的なことも多い。負の強化はあらかじめ嫌悪刺激を与えるものなので教育場面で単独ではほぼ用いない（「掃除を頑張ったら宿題を減らす」という指導なども負の強化の構図であり，宿題は嫌悪刺激であると学習させてしまうことになるので要注意である）。

> 報酬的刺激

> 嫌悪刺激

　行動理論に基づく心理療法として数々の行動療法が開発された。代表的な技法を表1-6に示す。

> 行動療法

　ある子どもが苦手としている場面に直面したとき，教師が側について慣れさせるということは日々行っているエクスポージャーである。校内放送のチャイ

●表1-6　行動療法の代表的な技法

名称	説明
エクスポージャー（暴露法）	古典的条件づけの応用。通常，不安や恐怖，緊張などは自然に減衰するものだがそうは思えないとき，治療者と共に実際にこれを体験していくもの。直接的か間接的か，また段階的か集中的かなど，様々な方法がある。
系統的脱感作法	ウォルピ（Wolpe, J.）が開発した方法。段階的なエクスポージャーといえる。克服したい不安などを最終目標に置き，不安ゼロの場面から少し不安を感じる場面へと順に並べた不安階層表を作成する。最も不安が小さい場面をイメージした状態で，あらかじめ練習した自律訓練法（シュルツ〔Schultz, J. H.〕の開発したリラクゼーション技法。手足の重感や温感などを意識的に感じて自らを緩める）などを実施すると不安が消失する。すると2番目に不安が小さかった場面への不安も減っている。そこでその場面をイメージしてリラクゼーションを実施して不安を消失させる。こうして次々と段階を経て最終目標の不安を消失させる。
トークンエコノミー	道具的条件づけの応用。望ましい行動が生起するごとに一定の「代理貨幣」，すなわち一定量集めると報酬と交換できるものを与える方法。強化にも弱化にも用いやすく，子どもにもわかりやすい。
シェイピング	道具的条件づけの応用。望ましい行動が出現しにくいとき，その行動に近い，すでに行っている行動を強化し，しだいに望ましい行動に近づけていく方法。めざす行動までを小さく区切り段階的に行うことが重要であり，スキナーはこれをスモールステップと名づけた。

エクスポージャー
暴露法

系統的脱感作法
ウォルピ

自律訓練法
シュルツ

トークンエコノミー

シェイピング

スモールステップ

ムや音楽で様々な活動の時間帯の雰囲気を作ることも古典的条件づけの応用である。「シール集め」や「ポイントがたまったらお楽しみ会」などはトークンエコノミーである。スモールステップも不登校から再び登校を開始するときなどによく用いられるが，ステップの刻み加減があくまでも子どもにとってスモールなものとなっていることが重要である。

認知療法　　　認知論の立場からは数々の認知療法が提唱され（表1-7），行動療法とあわ
認知行動療法　せて今日では認知行動療法と総称される。学級で用いることのできるワークブックなども市販されている。それらの発展として対人関係を円滑にしてトラブルを予防するソーシャルスキルトレーニング（SST）も学校現場でさかんである。

　　　　　　　認知行動療法の短所として行動の価値や文脈が複雑な事柄を扱いにくいといわれていたが，「今，ここの自分のありようを，評価なく，とらわれなく感じとっていく」というマインドフルネスの状態を瞑想などでつくり，そのなかで
マインドフルネス　症状などにアプローチする流れも生じている。瞑想とはいかなくとも，たとえば学級で始業時に1分間黙想するだけでも様々な効果が得られるであろう。

●表1-7　認知療法の代表的な技法とソーシャルスキルトレーニング

名称	説明
認知再構成法	ベック（Beck, A.）が初めて「認知療法」として提唱したもの。抑うつなどの感情は、出来事自体からではなく、出来事に対して抱く認知（たとえば「図工の課題で工作をしていたら、糊づけを1か所失敗してしまった。もう全て取り返しがつかない」など、すぐに内心に湧くことから「自動思考」と名づけた）から生じるとして、治療者と共に自動思考の妥当性を検討しながら、適応的思考へと向かう対話を行う。
論理療法 （理性感情行動療法）	エリス（Ellis, A.）が開発。否定的な感情は不合理な信念（Belief）から生じる（「みんなから好かれないとだめだ」と思いこんでいたことで、ある1人のクラスメイトから嫌われただけで絶望してしまうなど）として、信念のどの部分が不合理なのかを見出し、それに反駁して合理的信念（「みんなから好かれるにこしたことはないが、人の好みもいろいろなのが自然なのだから、みんなから好かれなければいけないということはない」など）を得る。
ソーシャルスキルトレーニング（SST）	対人関係を円滑にする基本的技能や、上手な話の聴き方、上手な断り方などの社会的技能（ソーシャルスキル）をグループワーク形式でトレーニングする。「スキルのモデルを呈示」「観察によるモデリング学習」「行動リハーサル」「実際に試行」「フィードバックによる正の強化」「練習による習熟」「生活のなかに般化するための宿題」など、**行動理論や認知理論の応用の組み合わせで成り立っている。**

認知再構成法
ベック

自動思考

論理療法
エリス
不合理な信念

ソーシャルスキル
トレーニング
（SST）

4. 精神分析理論（力動論）

(1) 精神分析理論（力動論）によるパーソナリティ理解

　力動論とは、私たちの言動に力をおよぼす様々な概念装置が私たちの内面にあると想定し、概念装置同士の影響関係には様々な可能性があることへの認識を深め、内的視野を拡大しようとするものである。内的視野が拡大すれば行動はおのずと変化すると考えた。このような力動論の代表が、フロイトが唱えた精神分析理論である。

　たとえば「この子はどうしてこんなことをしてしまったのか、わけがわからない」「どうして同じことを繰り返してしまうのか。言い聞かせて納得したし、約束もしてすっかり定着したかと思ったのに」というように子どもたちの言動、特に問題行動が、どうにも理由がわからない不合理なものとしか思えないときがある（私たち自身もよくわからない言動をとってしまうことがあるのだが）。このような思いになったとき、精神分析理論に代表される力動論の発想を学ん

精神分析理論
力動論

でおくと，理解や対応の柔軟性が増す。

(2) フロイトによる精神分析の提唱

理性

19世紀後半，ヨーロッパ諸国は近代化を達成し，人間は理性によって合理的にふるまう存在であるという考えが社会全体を覆った。しかし実際に人々の日常生活の全てが合理的になるわけがない。非合理的なところももっているのが人間である。合理性優位の時代の空気に我知らず息苦しさを感じた一群の人たちに「非合理的な」身体の変調が続発した。機能的には動くはずの身体部分に原因不明の硬直などが生じたのである。

オーストリア
ウィーン
フロイト

オーストリアのウィーンで神経科の医院を開いていたフロイト（Freud, S.）のもとにもそのような患者が次々にやってきた（アニメ作品「アルプスの少女ハイジ」はこの時代が舞台であり，当時の社会の空気についてうまく描かれ，登場する足の不自由な少女はこの身体変調であると解することもできる）。同時代の多くの治療者が試みたように当初フロイトも催眠法を用いたが，副作用の強さなどから，より穏当な「自由連想法」を開発した（具体的内容は後述）。そして人間は，「思うように」生きようとしても「思わぬように」ふるまってしまう部分をもっており，そこから目をそらすことなく，むしろそのことの意義を見据えた人間観が必要だとした。

(3) 局所論

意識

フロイトはそこでまず，「思うように」自分を把握しふるまっている部分を「意識」と名づけ，「思わぬように」ふるまってしまったり「思いもよらぬ」ことを行ってしまったりする背景にあるものとして「無意識」を仮定した。この「無意識」の「意識化」を治療目標としたのである。さらに治療と研究を重ね，注意を凝らすことで意識化可能な部分と，ありのままの形では意識化されない部分とがある（神田橋, 2016）ことを見出し，前者を「前意識」，後者をあらためて「無意識」と命名し直した。以上を局所論という。図1-1のように氷山にたとえてみると，水面上に常に出ている部分が意識であり，前意識は水面上に浮き沈みするように意識できたりできなかったりする。無意識は水面下深くにあるが生命体としてのパーソナリティのかなりを占める。なお「無意識」を図

前意識
無意識
局所論

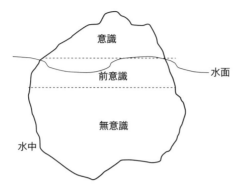

●図 1-1　局所論を氷山にたとえて図式化したもの

のように「実体」として存在するとする立場と「対話のなかで仮に想定してみる観点のひとつ」とする立場とがある。

　このようにフロイトの功績のひとつは，私たちが当然のように思っている「合理性」からすると「わけがわからない」言動や状態にも，それなりの背景や脈絡があり，そこを理解しようとすることが大切だとしたことである。子どもたちはある意味で「合理性」を身につける途上であり，大人の目からは理由のわからない言動をとることもある。なぜか興奮が収まらない，理由もなく反発ばかりする，誰も責めていないのに縮こまったままでいる，など。しかし背後にはその子なりの脈絡がある。簡単には「意識化」できないかもしれないが，何らかの脈絡があると「想定」して理解の方途を探り続けることが重要となる。

(4)　構造論

　フロイトは，そのような合理性と非合理性とをあわせもつ私たちがどのようにして意思決定してふるまっていると考えたのだろうか。

　フロイトはまず私たちを生命体として産ましめ活かし続けているエネルギーに着目した。生存のために必要なものを得ようと私たちを突き動かす様々な欲動（本能的・生理的なものから周囲の環境にかかわるものにまで至る。特に原初的で根源的なエネルギーを Libido：リビドーと名づけた）が常に湧き上がっている。

　他方で産まれ落ちた外界は，自然法則や言語体系，家庭の習慣やしつけ，文

欲動

リビドー

化や社会規範などに至る様々な約束事から成り立っている。私たちはエネルギーの湧き上がりを感じて欲求の実現をめざすが，あくまでも外界の約束事のなかでそれをなさねばならない。

そこで人は外界の約束事を自らのなかに取り入れる。取り入れて形成したものをフロイトは超自我（Super ego）と名づけた。他方で湧き上がるエネルギーは多種多様であり快感原則にしたがって常に形を変え（建設的なものもあれば破壊的なものもある）捉えどころがなく「それ」としかよべないとしてエス（es：英語のitにあたるドイツ語。ラテン語ではid：イド）と名づけた。そして超自我の枠組みにしたがいつつエスの欲求をなんとか充足しようと，現実原則に沿うように両者の間を調停して意思決定する主体を自我（Ego：ラテン語である）と名づけた（ただしフロイトが著述に用いたドイツ語では"Ich"すなわち「わたし」。超自我は"Überich"「上位のわたし」。このように実感になじむ日常語で立論したのもフロイトの特徴である）。以上を構造論という（図1-2）。

構造論の観点をもつと，子どもによって，エス・自我・超自我のどこかが弱かったりどこかが強かったりする様子が見えてくる。個性をこのように捉え，必要に応じて各層のバランスをとるとよい（その方法は後述する）。

さらにフロイトは三層の構造論に局所論を加味して図1-3の「精神装置図」にまとめた。「わたし」である自我は前意識的なところ，無意識的なところ，そして知覚意識を通して外界を捉えているところまでを範囲としている。そし

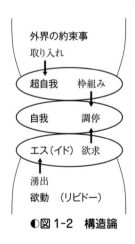

●図1-2　構造論

1章 パーソナリティという視点からみる　17

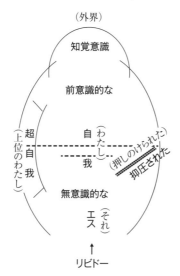

●図 1-3　精神装置図（Freud, 1933〔1932〕を元に一部加筆）

て「わたし」にとって都合の悪い物事を無意識的なところへと押しのけている（抑圧）。「それ」としかよびようのないエスは，無意識的な領域にあり，そこに向かってリビドーが湧出している。「上位のわたし」である超自我は，前意識で感知されることもあるが無意識にとどまることも多い。

(5) 力動論と適応論

こうして自我は，エスからの要求を「……したい」と受け取る一方，超自我からの「……すべき（すべきでない）」との要求，さらに外界の現実からの要求をも受けてそれらの間を調停し，最終的に「……しよう」と判断し欲求充足行動を行う。以上を力動論という（図1-4）。

しかし私たちは常に欲求の充足に成功するとは限らず，欲求不満（フラストレーション）に至ることもある。またそもそも，エスや超自我，外界からの要求にこたえきれるのかという不安も生じる。要求間の調停がうまくいかず不適応行動や神経症症状になることもあるが，他方でそうならないように自我を守る様々な対処行動を備えるようにもなる。

それらの対処行動を，不安や欲求不満から自我を守るという意味で防衛機制　　**防衛機制**

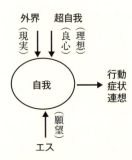

●図 1-4　力動論（前田, 1985 より作成）

適応機制 　とよび, 日々をなんとかしのぐために駆使するという意味で適応機制ともよぶ。
適応論 　主なものを表1-8に列挙した。以上を適応論という。
　　表1-8で示したように代償と置き換え, 補償の関係にはクリアカットできない部分もあり（代償が置き換えと補償とを含んでいるとはいえそうであるが）, 文献による異なりもある。人の心とはくっきりと区分けできるものではない。
　　精神分析理論は膨大な体系であり, 子どものパーソナリティの発達の理解に
発達論 　重要となる発達論もあるが, 3章で他の学説の理論とあわせて紹介する。

(6) 精神分析療法とそこから学べること

精神分析療法 　フロイト以降現代に至るまで心理療法としての精神分析療法は多様に展開し, 全容は紹介し尽くせない。ここではフロイトの原法を, 神田橋 (2016) を参考に概観する。患者は寝椅子に横になり, 心に浮かぶままを流れるままに語
自由連想法 　るよう勧められる（自由連想法）。治療者も患者の語る連想に耳を傾けつつ思
解釈 　い浮かんだ連想を仮説として添える（解釈）。患者の連想と治療者の解釈とが刺激し合ってまた新たな連想が生じ, 内的視野がひろがる。自由連想が滞っ
抵抗 　たり解釈に戸惑ったりすること（抵抗）への連想も互いに語り合い視野をひろげる。治療者に対して治療関係以上の思いが湧く（重要な他者との間で過去に生
転移 　じた思いに似ることが多い）ことがあり（転移）, このことについての連想も
逆転移 　語り合う。治療者の側にも患者に対して治療関係以上の思いが湧く（逆転移）ことがあり, やはり理解をひろげる糸口になる。

表1-8　防衛機制（適応機制）の主なもの

名称	説明と例	補足（日常面、プラス面など）
固着	ある状態のままでいる。 （例）いくつになっても子どもっぽいふるまいが抜けない。	ある程度までならば個性のうち。
退行	以前の発達段階に戻ったかのような言動をとる。 （例）不適応の子どもの赤ちゃん返り。	童心に帰ると元気が出る。エネルギーが補給される。
抑圧	苦痛をもたらす欲求を無意識へと押しやり、意識では欲求などないという状態になる。 （例）「性欲など感じたことはない」。	全ての欲求を実現させようとすると身がもたない。
分裂	事態の満足な面と不満足な面を完全に切り離して別個のこととする。 （例）「素敵な先生だと思ってたのに叱られた。もう大嫌い！」。	物事全体をバランスよく統一的に見られるほどのエネルギーがないこともある。
否認	欲求不満をもたらした事態そのものを認めない。 （例）「転んで怪我をしただけだよ」 （本当は身体的虐待を受けて怪我をしていた）。	あまりにつらい現実を一気に引き受けられるほど、私たちは強くない。
反動形成	本来の欲求とは逆の言動をとる。 （例）仲良くしたい子にいじわるをしてしまう。	つっぱることで保たれるプライドもある。
転換	欲求不満を身体化する。 （例）頭痛、腹痛、不明熱など。	心のことを身体が一時的に引き受ける。メッセージを身体が出してくれる（子どもたちの場合特に大切）。
合理化	「私は不満ではないのだ」という理由づけをする。 （例）「わざと負けてやったんだ」 「酸っぱいブドウ」（イソップ物語）。	言いわけひとつも許されない人生は辛い。
知性化	知的に説明をつける（その内容自体は正しい）ことで、感情的な不満もなかったことにする。 （例）応援していたチームの敗因分析。	知的探求のきっかけになる。
逃避	欲求の対象を避ける。 （例）試験週間になると普段手に取らない本に熱中してしまう。	人生には逃げるが勝ちという場合もある。
代償	欲求を部分的、代理的に満たすことでよしとする。後述する「置き換え」「補償」もこれの一部とされるが、「スポーツを生で観戦するお金がないので中継で観戦する」「自分の果たせなかったことを我が子に託す」などの「代理満足」が代償の独自部分である。	妥協や折り合いも時には重要。
置き換え	欲求充足行動を、本来の対象ではない別の対象に向けて発動する。 （例）やつあたり。	周囲の迷惑にならない範囲で発散するのは健康的。
補償	異なるジャンルで欲求を満たす。 （例）部活動で不本意だったので勉強を頑張る。	見返す気持ちなどがモチベーションとなる頑張りもよい。
昇華	欲求の質を全く変えずに社会的に承認されるものとして果たす。 （例）人をよく殴っていた子どもがボクサーになり成功する。	昇華自体が日常生活における積極的な対処行動である。
白昼夢	欲求の果たされている様子を思い描く。 （例）空想、（日常用語としての）「妄想」。	ある種の「イメージ・トレーニング」「リハーサル学習」。
投射 （投影、投映）	自分の欲求や感情などが受け入れがたかったり認めたくなかったりするときに、それを他の人のものだということにしてしまうこと。 （例）「あの子の子どもっぽいとこが嫌い」（本当は自分の子どもっぽさを嫌いだと思っている）。	自分のありようを全て自分のこととしてとして受け止められないのが人間。いったん相手のことにして、徐々に自分に気づいていく。教師やクラスメイトはしばしばこの対象となる。
取り入れ	「あの人の得ている満足を、私のものにする（部分的）（操作的）」 （例）憧れの人のファッションを取り入れる。勢力のある人の威光を借りる。	「あやかる」ことでモデリング学習になっている。
同一視 （同一化）	「あの人の得ている満足を、私のものにする（全体的）（体験的）」 （例）国際試合で自国代表選手が勝利した瞬間の観衆の高揚。	様々な体験学習をヴァーチャルに行うことになる。

教員採用試験対策で出合うもの。心理療法で出現する特殊なものは除いた。

ここからは「行動に移すかどうかは別として，感じてはいけない感情などはない」「心身一如の生命である己の中に自然に動くものをできるだけ感じ取り，より柔軟に，多層的な自己を生きることをめざす」という発想を学び，活かすことができる。子どもへのまなざしがひろやかに，のびやかになり，自らも自由闊達になる。また教師は様々な転移を向けられやすい立場にある。子どもの感情や言動が理不尽なまでに不可解なとき，家族など重要な他者との関係で何か課題や問題を抱えていないか考えてみると，事態を解きほぐす道が見えてくることがある。

(7) 精神分析理論に基づくはたらきかけ

精神分析の基本構造は「**無意識の意識化**」である。ある事柄が無意識の位置にあるのは，それが意識にとって何らかに都合が悪いからである。ゆえに，本人が気づいていない何かを**指摘**するならば，何らかに**心身の動揺**が生じるのが自然である。この動揺をしっかり**受け止める器**があることが必要である。子どもとの間で信頼関係ができているならば，指摘を受け止めることができるだろう。そうでないならば関係づくりが先になる。

保護者に何かを伝えるときには受け止める器の吟味が非常に重要となる。関係の器ができているかどうかをまず見極め，慎重に進めていくとよい。

先に学んだ局所論からは，一見「わけがわからない」と見える子どもの言動にも「本人にもわからない脈絡があるかもしれない」と発想して，今目の前のこと以外の，本人にかかわる様々なことに目を向けて，観察や対話を深めたり情報を集めたりすることの大切さを学ぶことができる。

構造論は図1-5のように簡略化することで，子どもによって，エス・自我・超自我の**どこが強くどこが弱いか**を見立てて理解し，指導につなげることもできる。

Aはエスだけが強く，自分でもわからないまま欲求に振り回される。Bは自我も強く「思うがままにふるまう」であろう。Cは超自我だけが強く「自分がない」くらいに周りに言われるがままとなる。Dは自我も強く几帳面な模範生だが活気に乏しい。Eは自我が弱く，超自我とエスが強いので板挟みの葛藤に悩む。様々な症状や不適応を呈することもあるが，思春期から青年期にかけて

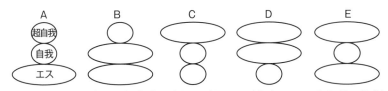

●図1-5　エス・自我・超自我の強弱のパターン（友久，1999を参考に作成）

●表1-9　超自我，自我，エスそれぞれを強める方法

超自我	①権威，規範，ルール，モデルを示す。 ②習慣化させるために様々な方略を用いる（学習理論的な発想と方法）。 ＊教育そのものが超自我をやしなう営みである。
自我	①主張と主張がぶつかり合い自己解決するような機会を設ける。遊び，行事，グループ活動など。 ②言語による内省力を高める。日記，日誌，読書，感想文，体験記など。
エス	①基本的には「植物が活力を取り戻すような」時間感覚で観察と環境調整をじっくり腰を据えて継続する。 ②「面白いと思える何か」「憧れの存在」と出会える機会を設ける。

他にもアイデアはあるであろう。

は第二次性徴によりエスが強くなり，他方で感受性が鋭くなり認識力や思考力も増すので超自我も強くなり，一過的にこの型になるのは通常見られることでもある。

(4)において超自我，自我，エスのバランスをとるようにするとよいと述べた。そのために**弱い部分を強めること**をめざすのだが，具体的にどうするとよいのかを表1-9にまとめた。

学校教育で最も指針が立ちやすいのが超自我の強化である。一方で，一番見通しがつきにくく時間がかかるのがエスの強化である。

適応論からは，どの防衛機制にも表1-8に示した日常的なプラス面があるので，そちら側も理解しておきたい。非行グループの服装をまね始めた子どもは，弱い自分を克服したいのかもしれない。他人のことに口うるさく投射ばかりしている子どもは，受け入れがたい自己の一面に苦しみ，そこから一時的に身を守っているのかもしれない。特に言動が理不尽だったり執拗だったりする場合に，こうした発想が新しい理解の視点と対応の余裕をもたらすことがある。

またたとえば「言いわけひとつも許されない人生」は息苦しいが，言いわけ

ばかりでは伸びていかない。子どもの場合もひとつの防衛機制一辺倒ではバランスを欠いてしまうので，多種多様な**防衛機制を柔軟に使い分けられるように**成長することをめざして，様々な「しのぎ方」を子どもに伝授するのもよい。

(8) 精神分析理論の長所と短所

本節のここまでにわたって見てきたように，人間のもつ様々な面に目を向けて，しなやかな，様々な味わいを備えた生き方をめざすのが**精神分析理論の長所**である。

ところが理論上の概念を，他者を早わかりしたつもりになる道具として用いたり（土居，1992），時には機械的な決めつけに用いたりすることが学者においても散見される。本来的用法ではないのだが，ついそうしたくなる誘惑をもつところが**精神分析理論の短所**である。「君が欠点を認めないのは，認めてしまうと卑屈になる恐れをもっていて，その恐れを意識したくないからだ」というような反証不可能な言説をも生んでしまう。そのような言説や文献はさしあたり避けておき，自分がそうならないように留意しておけばよい。行動変容の技法をもたないという批判も成り立つが，もともと内的視野をひろげて認識にはたらきかける理論なのだ（行動変容はその先に自然と自在についてくる，という立場である）。だからこそ決めつけなどには用いたくない。

こうしてフロイトによって開かれ展開してきた力動論の流れからは，弟子であったアドラー（Adler, A.）やユング（Jung, C. G.）らがそれぞれ師の元を離れて独自の体系を樹立し，子ども理解や学校教育にも有用な理論を提唱しており，現場でも実際に活用されている。これらについては2章で学ぶこととする。

<small>アドラー
ユング</small>

5. 人間性心理学（現象学的理論） •••

(1) 人間性心理学（現象学的理論）によるパーソナリティ理解

人間性心理学とは，人間を主体性と志向性をもった独自の存在として理解しようとする立場であり，「有機体」として本来もっている「実現傾向」や「自己実現欲求」を大切にする立場である。

学習理論も精神分析理論も，実際の心理療法では相手の思いや感じ方を大切にしながら用いる。しかし理論自体のなかに，機械的に人を外側から操作するようなものの言い方への誘惑が含まれており，それに負けてしまう者も多い。思いどおりに相手を動かしたり，早わかりしたつもりで決めつけたりすることへの誘惑である。それらは「される側」には時に不愉快でダメージを被る体験となる。「まず自分の思いや感じたところを知ってほしい」「やむを得なかった事情をわかってほしい」と感じるのは自然なことである。

　子どもたちを導くのが教師の役割だが，「罰が嫌だから先生の言うこと聞いてるだけ」「思ってもいないのに『逃避だ』とか決めつける」のように子どもが思ってしまうなら，指導の真意は伝わらない。その子自身がどのように思い，感じたのかを理解することを抜きに物事が活きて進むことはない。また，たとえば同じクラスの子どもたち全員が「今のクラスの雰囲気」を同じように感じているとは限らない。それぞれに独自の感じ方があるのが自然である。このような人間の主体感をまず大切にする立場が人間性心理学であり，個人によって感じ方が異なることから出発する点から現象学的理論ともよばれる。

　　　　　　　　　　　　　　　　　　　　　　　　　　　　　　人間性心理学
　　　　　　　　　　　　　　　　　　　　　　　　　　　　　　現象学的理論

(2) マズローの欲求階層説

　人間性心理学がさかんになったのは20世紀中ごろのアメリカである。それ以前は学習理論や精神分析理論を実際に機械的に操作的に用いる立場が権威の座にあった。他方，ベトナム戦争従軍（学習理論による練兵も施された）で多くの若者が心身に多大なダメージを被り，人間性の価値が問い直されてもいた。

　それらを背景に，人間が本来もっている「自己実現欲求」を重視した心理学を唱えたのがマズロー（Maslow, A. H.）である。図1-6の欲求階層説を示し，人間らしい「自己実現欲求」充足へのモチベーションがはたらくまでに必要な過程を示した。

　　　　　　　　　　　　　　　　　　　　　　　　　　　　　　自己実現欲求
　　　　　　　　　　　　　　　　　　　　　　　　　　　　　　マズロー
　　　　　　　　　　　　　　　　　　　　　　　　　　　　　　欲求階層説

　まず最も基層的な「生理的欲求」がある程度満たされると「安心と安全の欲求」の充足へと行動を起こすことができ，それがある程度満たされると「所属と愛の欲求」の充足，つまり社会的な居場所がほしいという気持ちが動きだす。居場所が得られると，今度はその場で自分の価値を認められたいという「承認の欲求」が生じ，その場で求められているものを読み取って応答しようとする。

　　　　　　　　　　　　　　　　　　　　　　　　　　　　　　生理的欲求
　　　　　　　　　　　　　　　　　　　　　　　　　　　　　　安心と安全の欲求
　　　　　　　　　　　　　　　　　　　　　　　　　　　　　　所属と愛の欲求

　　　　　　　　　　　　　　　　　　　　　　　　　　　　　　承認の欲求

◐図 1-6　マズローの欲求階層説

自己実現欲求

その結果がある程度認められることでようやく，今度は自分独自の創造性を発揮して自己成長していきたいという思い，つまり「自己実現欲求」が動き出す。「主体的・対話的で深い学び」もここでようやく可能となる。

学級で生き生きとしていない子どもが，実は食事が十分に与えられていない，家庭内に暴力がある，など基層の欲求が満たされていない状況にあるならば，それは無理もない姿である。教師の指導力の問題ではなく，多くは家庭や家庭を取り巻く環境の課題であり，行政や福祉の助けを仰ぐのがよい（具体的な制度や機関などの利用の仕方は多岐にわたるので類書にゆずる)。

(3) ロジャーズの自己理論

ロジャーズ
自己理論
自己構造
経験

ロジャーズ（Rogers, C. R.）はカウンセリングの実践経験から，図 1-7 の「自己理論」を唱えた。私たちは成育するにしたがい，自分自身について経験したことを知覚し，それらを体制化して「自分はこういう者なのだ」という「自己構造」をもつようになる。しかし時々刻々生じる経験は，それにともなう感情などによって，自己構造にそのまま組み入れられるものと，意識することを拒否されたり歪められて意識されたりするものとに分かれていく。こうして図 1-7 のように自己構造と経験との間には一致する部分とズレる部分とが生じるが，ズレが大きいほど不適応的になる。図 1-7 でいう A の部分はいわば「思いこみ」である。実際には C の「柔軟にできているとき」も経験しているのに，意識されず自己構造に組み入れられないと，「どうせ……」と思いこんだままとなり，せっかく経験していることにも気づかない。不適応的である。

ここでもしも C の経験に気づき，「自分には柔軟な面もあるのだ」と思える

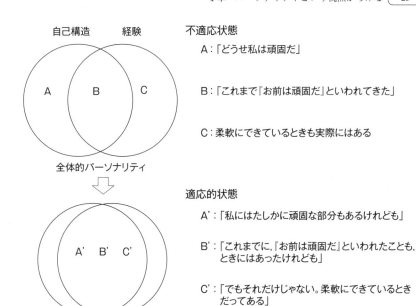

●図1-7 ロジャーズの自己理論（Rogers, 1951を参考に作成）

ならば，Bの部分が拡大し，Cが縮小する，つまり自己構造と経験との重なり合いが大きくなる。時々刻々と経験することを自己構造に柔軟に取りこめるようになり自己構造が柔軟になって「思いこみ」からも自由となり，Aも縮小する。有機体として本来もっていた「実現傾向」がはたらき，適応的な状態へとなっていく。

実現傾向

(4) 自己理論に基づくはたらきかけ：積極的傾聴

では具体的にどうすれば自己構造と経験との重なり合いが増すだろうか。図1-7のAとCを小さくし，Bを大きくすることをめざすのだから，「頑固だと思いこんでるだけだよ」と指摘するとよいだろうか。「柔軟なときもあるよ」と教えてあげるとよいだろうか。しかしかえって相手を頑なにし，「そんなことはない」と自己構造にしがみつかせてしまうことは日常生活でもしばしば体験する。それなりの経緯と必然性をもって形成された自己構造は，それなりに役立ってきたからこそ存在しているのだから，直に崩そうとすれば抵抗にあう。

自然なことである。

　他方でこのような経験はないだろうか。思い悩みを親しい友人に話し，しかし，友人は特に助言やアイデアをくれるでもなくただ聴いてくれていて，そのうちに自然と気持ちがほぐれてなんとかなりそうに思えたというようなことは。逆に落ちこんでいるときにやたらと励まされるとかえって鬱陶しく，「まずこの悲しみをわかってくれたらそれでいいのに」と思ったことがあるかもしれない。

　自己理論によるはたらきかけは，こうした日常の自然な現象と通じ合う。

　傾聴はなぜ有効なのか。理由は実に多数ある（次章で概観する）が，最大のものは，先ほどの例の友人のように関心をもって聴いてくれることである。漫然と，特に反応もなく聞き流されたのではたまらない。**積極的傾聴**であることが重要なのだ。受動的あるいは無干渉的なものではないとロジャーズはいう。

積極的傾聴

(5) パーソナリティに建設的な変化が生じるための必要十分条件（6条件）

　積極的傾聴は，話す側と聴く側との間に表 1-10 に示した「**パーソナリティに建設的な変化が生じるための必要十分条件**」（6 条件）が成り立つことをめざして行うものである。

　これらが成り立つとき，自己構造にしがみつかざるを得ない状況やそのときの気持ちが，聴き手に通じた実感が得られ，心がゆとりと柔らかさを取り戻す。すると今まで気づかなかった経験にも自然に気づき，思いこみは薄れていく。多様な経験を自己構造に組み入れて，重なり合う部分が大きくなる。パーソナリティに生じた建設的な変化である。

　クライエントはまず，セラピストとの最低限の心理的接触をもつことはできている（事務的，形式的な接触などではなく）が（表 1-10 の①），図 1-7 の B の部分，自己構造と経験の一致部分が小さい不適応の状態にある。これを「**不一致の状態**」と名づけた（同②）。

　そのクライエントの一致部分をひろげる対話をしていくのだから，まずセラピスト自身が「一致部分が大きくなること」に向かうことが基盤となる。少なくとも「この関係のなか」，すなわちクライエントとの対話のなかで，自分自身に生じるあらゆる経験を自己構造に柔軟に取り入れられるあり方でいることであり，これを「**一致している**」と名づけた（同③）。お題目を盾に取ったり，

正論を振りかざしたり,「ダメなものはダメ」とか「でも決まりは大事だ」とかにこちらがしがみついたりすると（つまり自己構造が硬直し，新たな経験に開かれず凝り固まった状態でいると），クライエントもクライエントの自己構造にしがみつかざるを得ず，適応への変化は生じない。セラピストに一致部分拡大への動きがあるとき，応じてクライエントにもそれが生じる可能性が開かれる。

ところでこの③から⑤まではセラピスト側のことを述べているので「カウンセラーの３条件」として表1-10,【　】内の名称で挙げられることが多い。

第３条件は「自己一致」と略称される。

しかしこれは単純なことではない。クライエントの話を聴いているといろいろな気持ちが，ああでもありこうでもありと動き続ける。傾聴しながら「なるほどそれは無理もないかもしれない」と思いつつも，「とはいえ，なんとももどかしい」「こうしてみたら，と助言したい」のような思いが湧いたり，あるいは「なんだか今自分は話を早く終わらせたくなっているようだ」ということに気づいたりする。ここで「いやいやそんなことを思ってはいけない」と自己に生じた気持ちの経験を否定すると，自己構造が硬くなる。内心の負の感情などにも開かれて，気づいて感じ取っており，それらをも否定せず，いつでも表明できる率直な，自由闊達なあり方でいる基本的な態度が自己一致である。

> カウンセラーの３条件
>
> 自己一致

◉表1-10　パーソナリティに建設的な変化が生じるための必要十分条件（６条件）
　　　　（Rogers, 1957）

① ２人の人が心理的に接触（contact）している。
② 一方の人（クライエント）は，不一致（incongruence）の状態，すなわち，傷つきやすく（vulnerable），不安な（anxious）状態にある。
③ もう一方の人（セラピスト）は，この関係のなかで，一致している（congruent），あるいは統合されている（integrated）。【自己一致・一致・純粋性】
④ セラピストは，自分がクライエントに対して無条件の積極的関心（unconditional positive regard：「肯定的」「配慮」と訳されることもある）をもっていることを体験している。【無条件の積極的関心】
⑤ セラピストは，自分がクライエントの内的照合枠（internal frame of reference）を共感的に理解していること（empathic understanding）を体験しており，かつ，その自分の体験をクライエントに伝えようと努めている。【共感的理解】
⑥ セラピストが共感的な理解と無条件の積極的関心を体験していることが，クライエントに必要最小限は伝わっている（communication）。

表中の「セラピスト」は「カウンセラー」と置き換えてよい。

したがってたとえば子どもや保護者に何かを伝えたいと感じたら，その思いに沿って「伝える」ことも行うが（ただし思ったことを何でも言語化して伝えることが自己一致なのでは全くない。伝えたい思いが湧かないときや，今のこの感じならばまだ言語化しない方がよいと内心で感じたときなどには，むしろ伝えないのが自己一致である。第6条件（⑥）に「伝わる」の語が登場するが，第4条件（④）と第5条件（⑤）を指していることに留意したい），そうするとあの思いに誠実に語りたい，でもこの思いも無視できないという状態となり，結果的にあれやこれやつっかえながら語っていることも多い。そこに生身の全人性がにじみ出たりする。すらすら語られてかえって人間味が薄く感じられたということを「お客様窓口」の対応や組織仕事のなかなどで経験したことはないだろうか。

しかし教師の仕事の中心は指導であり，明瞭な指示，ブレのない語句選択，よどみない語り，はっきりとした口調などが基本となる。号令や叱責では断固たることも重要だ。自分に嘘がないのは大事なことだが，あの思いも，この思いも，と内面をしじゅうスキャンしつつ，あれもこれもと語るわけにもいかない。あくまで「この関係」でのことであり，常に誰とでも，とは言っていないことに留意してほしい。専門のカウンセラーでも日常生活で四六時中自己一致 **一致** していたら身がもたないし生活が回らない。ゆえに単に「一致」と表すこともある（同じことはクライエントの側にも当然いえる。日常生活のある箇所で「不一致」部分が大きいので不適応状態にあるのだが，まずはカウンセラーとの関係のなかで「一致」部分が増え「経験」への気づきがひろがる。それが日常生活で不適応状態にある箇所にも波及することをめざすのだが，全生活場面での「一致」を求めるものではない）。このようなあり方をロジャーズは，透明性が **純粋性** 高いということを強調して「純粋性」とも表現した。教師が何かを語り伝えるときも，建前論や決まり文句としてではなく，今自分自身の生身のなかで動いている生きたありようが手に取るように相手に見えるほど説得力をもつ。

無条件の積極的関心 第4条件（表1-10の④）は「無条件の積極的関心」と略される。

クライエントの話すどのような事柄にも，それを理解したいと強く願いながら関心を向けて聴き続けることだが，これも簡単ではない（桑原, 1999）。たとえば意欲的に学ぶ子どもには目をかけたくなるように「条件つきの積極的関

心」は自然に発露できる。他方で校内のどの子どもにも関心をもつことにすると，「無条件」にはなるが全員に等しく「積極的」な関心を保つだけのエネルギーが維持できない。

　一見両立しにくいことを，クライエントに対しては条件として引き受ける。そのことによって，エネルギーを使って聴くことになっていくのである。

　「関係なさそうな話」「どうでもいいような話」「核心に向かわない話」ばかりが続くと積極的関心を向けるのが無駄なことのようにも思えてくる。けれどクライエントはそのような話をしながら，この人はわかってくれるだろうか，どこまで自分のことを話しても大丈夫だろうか，自分に覚悟はあっただろうかなどと思いめぐらしているのかもしれない。だとすると，話の背後の内心にまで関心を向け続けることは気持ちの理解に欠かせない。趣味の話や雑談のように見えて，実は深い気持ちを象徴する語りでもあったという場合もある。どのような話にも何かの気持ちが表れている，と積極的関心をもって聴いていくことでクライエントの話が意味を帯び，重みを増していくのである。

　第5条件（同⑤）は「共感的理解」と略される。

共感的理解

　共感的な理解，なのだからあくまで理解という行為の一種である（共感する，という行為の一種ではない）。「批評的理解」「診断的理解」など離れた立ち位置からではなく，あたかもクライエントと同じような感覚を覚えるに至ることをめざすという意味での「共感的」ということである。そのために，クライエントが物事をどんな枠組みで体験しているのか（内的照合枠）を理解しようとリードしながら傾聴を重ねる。するとある時点で「なるほど，そういうことか」**という共感が，現象として生じる**（その意味では大人よりも子どもの話すことを共感が生じるまで聴く方がエネルギーを要するかもしれない）。

　もちろん完全な理解などあり得ないし，クライエントと全く同じように物事を感じ取ることなどできない。あくまで別の個人なのだ。しかし，その別個の個人である自分が理解しようとするからこそ，その動きがクライエントに作用して，生じた共感がお互いにとって「有難い」「やっと生じた」ものとして感じられる。困難なものが生じるからこそ意味がある。

　共感が生じたら，そのことをクライエントに伝えようと努めることも重要である。内心でなるほどと思ったところにとどまるのではなく，言語や非言語で

何らかに伝えていくところまでを行う。

　しかしながら人生とは時に様々な険しさのあるものであり，人の世には私たちの短い人生経験からは思いも及ばぬ状況がある。教師として出会う様々な子どもやその家庭やその関係者が，こちらの理解をはるかに越えた困難や辛苦を背負っていたり，価値観や人生観が予想もつかない類のものであったりして，理解しようとする自分が全く無力に感じられ，ただぼうぜんと立ち尽くすしかないこともある。共感など生じようもなく感じられる。そのようなときはそのような自分であり，お互いであることを正直に見据えることである。理解できそうにない。共感など想像もできない。それでも共にいようとする。ただただ共にい続けようとする。息をのみ，驚きやおののきでいっぱいいっぱいの気持ちを抱えながら，でもそこからは退かない。場の空気感だけでも共有し，互いを感じようとし続ける。共感的理解をめざすからこそできることである。

　第6条件（⑥）は，第4条件（④）と第5条件（⑤）が必要最小限はクライエントに伝わっていることである。その状態になるまで伝える行動をとる。それが積極的傾聴である。次章で示すカウンセリングの基礎技法の多くは，この「伝わっている」状態をめざす行動として具体化されたものである。

　以上を「常に完璧に」めざそうと思わない方がよく，「今の自分にできる限り」くらいがほどよい。理由は後述する。

(6) 省略形における留意事項

①カウンセラーの3条件では「伝える」「伝わる」の語が抜け落ちる

　前項で見たように，6条件から「カウンセラーの3条件」を抽出した表現はひろく用いられ，本書でも叙述の便宜上用いていくが，このときに「伝える」「伝わる」の語が抜け落ちていることには留意しておきたい。「カウンセリングはただ話を聴くだけ」との誤解がいまだに根強いのは3条件の形でひろまってしまったことにもよっていると思われる。学校現場では非行への指導にたずさわる教師などから，「カウンセリングは，ふんふんとただ話を聴くだけで何も変わらない」という方向ちがいの批判がいまだ一部にあるようだ。

　実際にはまず第4条件（④）の「無条件の積極的関心」が伝わる状態をめざ

す。非行の現場でつかまって黙りこんだままの子どもの，無言という語りに聴き入り，言葉を引き出す間合いや問いを工夫して重ねていく。能動的な行為である。

そして第5条件（⑤）の共感的理解をめざす対話をしていく。たとえば非行に至った経緯を尋ね，語られたことを整理して確認し，理解できたことを伝える。そのとき子どもは映し返された自分の姿に直面することになる。同情とはちがうし，ましてや許容などではない。こうして時には厳しい直面化などを経たうえで生じた共感的理解が伝わったとき，初めて子どもの気持ちも動く。

専門のカウンセラーの仕事でも「伝える」「伝わる」は重要だが，教師の場合はさらに重要となる。この語をしっかりおさえておきたい。

②「受容と共感」では3条件の「自己一致」が抜け落ちる

さらなる省略形の「カウンセリングとは受容と共感である」との記述が教員採用試験対策本などにもいまだに見られるのは嘆かわしい（試験問題の選択肢にそれしかないときには，それを解答するしかないのだが）。

まずカウンセラーの3条件から自己一致が抜け落ちる。自己一致は共感的理解や「無条件の積極的関心」とは同時に成り立ちにくく，しかしだからこそ非常に重要な条件である。万引きした子どもを前に，そうせざるを得なかった気持ちを理解しようとしつつ，しかし，そんな行動をしていては先々が心配だという自分の思いから何か伝えたい，双方の思いに身を裂かれるなかに自分を賭することが対話のダイナミズムを産む（このような**二律背反を引き受けることで全人的にかかわる**ことへと導くしかけが6条件全体の随所に見られる。ひとつを意識したり，別の方を意識したりと行き来する動きが生じることが大切である。「常に完璧に」と思うと動きが硬くなりやすい。そう思わない方がよいと前述したのはこの理由からである。「必要十分条件」，つまり理想状態が示されているのであり，そこに達していない自分にも折にふれて気づき，そのことに正直である「自己一致」もまた重要なのである〔岡村，2007〕。生きた存在として共にいる，そのための道具としての条件であるともいえる）。

自己一致そのものも成り立ちにくいからこそ有効となる条件である。自分の内面の動きを常にモニターしていては身がもたない。日常生活では簡単には一

致しない自分が，クライエントとの関係のなかでなんとか一致部分をひろげようとする，その動きこそが大切なのだ。「受容と共感」ではこれが全く抜け落ちる。

　重要条件を欠いた形に対して「受容と共感で指導になるのか」と方向ちがいの批判を生じさせてしまうのが，この省略表現の不毛で危険な点である。

③「共感的理解」をめざす対話でなく「共感しよう」という努力目標になる
　さらに言えば「無条件の積極的関心」を「受容」と置き換えたのはまだよいとしても（とはいえこれも誤解につながる），「共感的理解」を「共感」としてしまうと意味が変わってしまう。「共感的理解」は「理解」という行動の一種であり，「共感」という行動の一種ではないのに，このように略してしまうと共感は現象ではなく行動となってしまう。努力目標のように「共感しなくては」と前のめりになり，「わかる，わかる」とばかり言おうとする対話になってしまいかねない。どうだろう。「わかる，わかる」と聴かれるのと，「**ここまではこういうことだと理解した。これで合っているだろうか。でもここがまだわからない。だからそこを教えてほしい**」と聴かれるのと，どちらがきちんと話を聴いてくれている感じがするだろうか。「共感的理解」という「理解」を行うには，実は，「わかった」という語よりも「まだわからない」という語をしっかり用いる方が着実である。まだわからないところを詳しく聴いていくとやがて「ああ，なるほど，そういうことか」と感じる時点が訪れる。**共感という現象をともなう理解**，「共感的理解」の達成である。

　省略にともなう誤解には注意しておきたい。記憶して意識するには略称も役に立つが，常に元の6条件に立ち戻ることができるようにしておきたい。

(7)　ロジャーズの人間性心理学の長所と短所
　ロジャーズは6条件を，「ロジャーズ派の」とか「カウンセリング」とかにとどまらない，あらゆる対話で建設的な変化をめざすときに通用する必要十分条件として示した。あらゆる立場の心理療法から様々な対人職務に至るまでの共通基盤を示したことがロジャーズの**人間性心理学の長所**の最たるところである。固有の治療技法をもたない（学習理論や精神分析理論には他の立場にはな

1章　パーソナリティという視点からみる

い技法がある）ことも様々なタイプの教師が取り入れやすい点である。個人の実現傾向（有機体が生来有する自らを実現していく傾向）を尊重し，固有の思いや体験そのものを大切にする点が生徒指導の立場などから「甘い」と批判されることがあるが，(6)の①や②で述べた省略による誤解からのものである。

　このような誤解を招きやすいのがロジャーズの**人間性心理学の短所**ということはでき，診断や見立てや客観的情報などを軽視する，と誤解されることもある。6条件や3条件さえ満たせばカウンセリングができるというイメージを与えやすいが，ではそれをどう実現するのかについての固有の技法をあえてもつことをしない，という立場であるので（ロジャーズとしては，どのような技法を用いるにせよ必要十分となる条件を示したのだといったのである。あくまでも本質だけを取り出して示したのだ），心理療法としては「基本の出汁だけで勝負する料理」のような熟達を要し，「入山しやすいが険しい山」のような特徴をもつ。生半可な実践ではやはり「甘い」「話を聴くだけで何もしてくれない」などの誤解による批判を受ける。人間という存在の可能性に対して肯定的である特徴をもつが，逆に人間のもつ暗部への目配りが不足したり，我知らず個人や集団の有する危険なところを放置してしまったりすることには留意したい（その点，学習理論や精神分析理論は人間の生物的部分を直視したり，不合理性を正面から扱ったりしている）。

(8) ロジャーズの理論と活動の展開

　ロジャーズは当初自らのカウンセリングを，当時主流だったウィリアムソン（Williamson, E. G.）らの指示的カウンセリングに対して非指示的カウンセリングと名づけたが，「聴くだけで何もしない」と誤解されぬよう，クライエントに生じる内的プロセスが治療を導くという意味で来談者中心療法と言い換えた。後に6条件を小集団に応用したエンカウンターグループや紛争解決などへと活動を展開し，その総体をパーソンセンタード・アプローチと名づけた。

　なお人間性心理学全体の流れでは，パールズ（Perls, F. S.）のゲシュタルト療法，フランクル（Frankl, V. M.）のロゴセラピー，ビンスワンガー（Binswanger, L.）の現存在分析など多様な展開がなされてきた。哲学とかかわりの深い展開

実現傾向

ウィリアムソン
指示的カウンセリング
非指示的カウンセリング
来談者中心療法
エンカウンターグループ
パーソンセンタード・アプローチ
パールズ
フランクル
ロゴセラピー
ビンスワンガー
現存在分析

が見られるのもこの流れの特徴である。それらのなかでロジャーズに学んだ哲学者ジェンドリン（Gendlin, E. T.）による体験過程という発想とフォーカシングという技法はカウンセリングや教師の仕事においても重要なものとなるので次章で紹介する。

ジェンドリン
体験過程
フォーカシング

2章
カウンセリングの姿勢と技法を用いる

　この章ではカウンセリングの姿勢と技法を学ぶ。
　これらもやはり，ツールである。
　子どもたちとの，時には保護者との対話，そこで活かしていくツールである。技法もツールだが，姿勢もツールである。

　教師はカウンセリング専従職ではないし，カウンセラーのような姿勢で常にいればよい立場でもない。
　その一方で常にどこかで「カウンセリングの姿勢が重要だ」「カウンセリング・マインドをもつように」などと指導されることがある。どういうことを指しているのだろうか。

　教師という仕事のなかで，結局何が求められるのだろうか。何をどうせよということなのだろうか。
　教師にできること，教師にはできないこと，教師だからこそできること，いくつかに分けていくことができる。
　整理しながら学んでいきたい。

　カウンセリングでは様々な技法を用いる。
　特に前章の最後にふれた積極的傾聴を具体化するための様々な技法がある。基本的なツールとして学んでおき，実践で使えるようにしていきたい。子どもとの対話に，あるいは保護者との対話に役立てていくことができる。
　様々な心理療法の対話技法のなかにも子どもや保護者との対話に応用できる発想や技法があり，使い方次第で大いに役立つ。
　それらについても紹介していく。

1. カウンセリングとは ・・・

(1) ツールとしてのカウンセリングの基本要素

　言葉は生き物であり，意味する内容や使い方も日々刻々と変化していくが，「カウンセリング」という語も例外ではない。心理学の歴史のなかで，臨床場面で，そして学校教育のなかで，様々な定義や分類が論じられてきたが，その全体を偏りなく整理して知ることが教師の仕事に必須ということはない。

　そこで「生き物である」この言葉の現代の素朴な使用例から**ツールとしてのカウンセリング**について考えてみよう。商品やサービスのセールストークのある種のものを「カウンセリング」とよぶようになって久しいが，どのようなものをイメージするだろうか。最低限共通しているのは表2-1のようなことだろう。

　セールストークの場合は「売り文句」に過ぎないこともあるが，最終目的を「セールス」から「子どもの問題や症状などの改善や解決」に置き換えて，実質をともなってこのような対話を行うならば，それを教師の仕事のなかでのカウンセリングのさしあたりのイメージとしてよいであろう。特殊技術者が特定の場面で発揮する特異な技能と捉えなくてよい。

　中心となるのは1章第5節で示した「積極的傾聴」である。それを誰に対しても確実に行うために，基本的な姿勢と技法が開発されてきた。それらのツールを本章で学んでいく。

　この傾聴というツールの有効性はあらゆるところでいわれる（後述するが文部科学省も重視している）が，ではなぜ有効なのか。考えられる要因は多岐に

◉表2-1　世間一般で「カウンセリング」とよばれているものに最低限共通している要素

①基本的に**個別**の対話である。
②時間や場所を確保する（**守られた時間と空間**で対話する）。
③こちらの言いたいことを優先させず，まずは相手のニーズ（現状への思い，そこからどうなりたいか，どのような順序やペースでそのようになりたいかなど）をしっかりと**聴く**ことから始めて，その実現に添う形での提供を心がける。
④ニーズは一人ひとり異なるからそれを細やかに理解して応じる（**個別性の重視**）。
⑤相手がすでにもっている**資質や特性**などを活かす。

表中の全てに「できるだけ」という一語はつく。あくまでもめざすもの，方向性である。

● 表2-2　傾聴はなぜ有効なのか

・寄り添ってくれる存在を感じる。
・生き物同士として鳴きかわす「鳴き声」である（後述する波長合わせが重要）。
・言葉のスキンシップである，ともいえる。
・受け止めてもらえている実感を得る。
・関心をもってもらえている実感を得る。
・以上のことから安心感を得る。
・以上のことから落ち着きを得る。
・以上のことから自分を大事にする気持ちがよみがえる。
・以上のことから未来への希望がよみがえる。
・情報や感情の処理のもつれを傾聴者が肩代わりしてくれることで，内心にゆとりができ，その分，新しい動きが内心に生じる。
・「今の自分」に意地を張ってこだわる必要がなくなり，新しい自分への展開が始まる。
・自分を対象化する動きが生じ距離やゆとりができて，見方や感じ方が変化する。
・自分の姿を映し返されることで新しい発見を得る。

表中の上にあるものほど，生き物としての人間にとって基層的で必須の度合いが高い。また，表中のものはさしあたり考えられる要因。他にもあるかもしれない。

わたり尽くせないが，さしあたり挙げられるものを表2-2に列挙した。

(2) 教師の仕事のなかでのカウンセリング：本書の立場

教師の仕事の用語でカウンセリングと近似したものとして「生徒指導」「教育相談」「進路指導（キャリア・カウンセリング）」「ガイダンス」などがある。本書ではこれらの異同には立ち入らず，他書でなされている様々な立場の議論にゆずる。というのもこれらはどれも，カウンセリングを前項のように理解しツールとして捉えるならば，それらを活かしこむことができる教育活動であり，すると並立や対立の関係ではなくなるからだ。姿勢と技法をツールとして学び，生徒指導や進路指導などでも局面に応じて用いればよい。本書はその立場をとる（文部科学省「生徒指導提要」〔文部科学省，2010〕の随所の記述も，姿勢と技法をツールとしてもっておくように示していると読める）。「校則違反者を叱る」ことだけが生徒指導ではないし，「模擬試験の結果から受験先を決める」ことだけが進路指導ではない。

〔欄外〕生徒指導提要

(3) 教師という立場の利点と留意点

教師の仕事にカウンセリングを活かしこもうとするとき，表2-1で最も相容れない理想論だと感じるとしたら②であろう。スクールカウンセラーなどカウ

● 表2-3　教師の仕事とカウンセリング（利点と留意点）

利点	・子どもと生活を共にしながらその場で観察・理解ができる（五感を用いてトータルに理解できる。早期発見にもつながる）。 ・子どもに声をかける機会が多い（早期対応につながる）。 ・校内の他のスタッフの意見をすぐに聞くことができる。 ・管理職を通して関係機関と連携しやすい。 ・保護者に連絡しやすい立場である。 ・保護者にとっても話をもちかけやすい相手である。
留意点	・日常生活との距離がない。 ・静穏な時間と場所を確保しにくい（そのなかでできることをする）。 ・個別対話の設定も簡単ではない。声をかけたり，時間と場所を確保したりすることで日常生活から浮き上がってしまうことがある。 ・日常の関係性のなかで子どもが自分にどのような思いをもっているかをまず理解して，そのうえで対話する必要がある。

　ンセリングに専従する職業人とのちがいだ。他にも相違点はある。そこで生徒指導提要も参照しつつ，教師であることの利点と留意点とを表2-3にまとめた。

　大勢の子どもたちや同僚たちと校舎のなかを移動しながら目まぐるしく過ごす日々であるが，カウンセリングの姿勢と技法を活かしこむことはできる。たとえば休み時間，気になる子どもに声をかけてみるときに活かすことができる。いわば「チャンスカウンセリング」である。たまたま廊下ですれちがったときに呼び止めてもよいし，朝の挨拶にはさみこむこともできる。小さな工夫で腕を磨くことができる。まずは積極的な関心を一人ひとりの様々な面に向けてみる（無条件の積極的関心）。子どもたちと過ごしていて自分のなかに生じてくる様々な気持ちを感じ取りつつ，向き合い方に反映させる（自己一致）。そして子どもたちからの様々な発信に目を向ける。何かが見えてくる。違和感や不可解もある。より理解したくなる（共感的理解）。伝えたいことも出てくる。

　一日中子どもたちと同じ生活空間にいられるのは，カウンセラーにはない教師ならではの利点だ。様々な場面で見せる表情やしぐさなど，理解の手がかりは常にある。目で見る観察だけでなく声の表情など**五感を**トータルに用いる。そして言葉をかけたくなればその日のうちに機会を見つけられる。一度聴きそびれたことをもう一度その日にきちんと聴くこともできる。トラブルが起きた現場の生の感情にふれることもできる。同僚の意見を仰ぐこともすぐにでき，関係機関にも管理職などが繋いでくれる（以上を「生徒指導提要」では①**早期発見・早期対応**が可能②**援助資源**が豊富③**連携**が取りやすい，としている）。

早期発見
早期対応
援助資源
連携

保護者とすぐに話がしやすいのもカウンセラーにはない利点である。気になった子どもの保護者にその日のうちに連絡できる。連絡帳も活用できる。
　保護者にとっても教師は，カウンセラーよりもまず話をもちかけやすい相手である。このときこそ積極的傾聴が力を発揮する。この場合はできるだけ場所と時間を区切るとよい。お互いを守り，また話の内容を守るためである。そしてお互いが落ち着ける状況をつくろう。こちらの教育的ねらいを伝えたくなるが，まず保護者が何を，どんな枠組みで認識してどんな気持ちを抱いたのか，積極的な関心をもって聴き，理解しよう。傾聴は「相手の言うことを聴く」ことだが「相手の注文どおりにする」こととはちがう。自分の内なる思いの動きも大切にしつつ（だから，「できないものはできない」と言える），保護者が何を，どう，なにゆえに気にしているのか，なるほどと思えることをめざして聴いていく。伝わる言葉はそこから生まれる。平行線とは異なる展開になる。
　このように日常生活を共にしている利点が多々あるが，同時にこれは留意点ともなる。なにしろ日常生活との距離がない（だからこそ子どもにとって日常から距離をとることがしやすい別職種としての，養護教諭やスクールカウンセラーとの相互理解と役割分担が重要になる）。気になる子どもに声をかけたくなるのはデリケートな何かがあるときだが，友人たちと過ごしている日常のなかに，いきなりそれをもちこんで，関係性すら台無しになってしまうこともある。日々共に過ごすなかで子どもが自分にどんな感情をもっているのか理解しておくことも欠かせない。そして声かけのタイミングや強度の適切さを捉える観察眼をやしなっていくようにしたい。時間と場所を確保することが，逆にことを目立たせてしまうこともある。配慮と工夫をともなう，自然なあり方を探りたい。

2. カウンセリングの基本的な姿勢と発想

(1) カウンセリング・マインドという用語をめぐって

　「カウンセリング・マインド」という語がある。いつ誰が用い始めたかも不明な和製英語で定義も内容も多種多様なうえに，功罪をめぐり百家争鳴である。
　一方文部科学省は生徒指導提要では先に見たように技法論に徹し，この語を

> カウンセリング・マインド
>
> 生徒指導提要

用いなかったが,「教職課程コアカリキュラム」(文部科学省教職課程コアカリキュラムの在り方に関する検討会, 2017) では「生徒指導」を「教育活動全体」で行うものとし「教育相談」はその一部であると区分,その教育相談の箇所に「学校教育におけるカウンセリング・マインドの必要性を理解している」ことを到達目標のひとつとして明記した。そして「基礎的な姿勢や技法」として「受容・傾聴・共感的理解など」を挙げた。バランスを欠く省略形だが,意識したのはロジャーズの6条件や積極的傾聴であろう。実践者としては用語の賛否には立ち入らず,6条件全体を再確認し姿勢や技法を習得すればよい。

 再言するが,それらはツールとして教育活動全体に活かしこむことができる。教師である以上,指示(「担当の場所を掃除しなさい」)も助言(「跳び箱の奥の方に手をついてごらん」)も叱責(「人が話しているのに騒いでいるとはどういうことか」)も行う。それらが仕事の中心である。そのときにどの条件がどの程度活きるか,時折意識してみるとよい。

(2) 関係づくりの発想と方法

 生徒指導提要には面接において「ラポール(ラポート)(rapport)」すなわち「親密な信頼関係」「心が通い合った状態」の形成が重要とあるが,お互いがさしあたりの不安や警戒心をほどいて率直に自己表現できる準備が整った状態と思えばよい。機嫌をとったりなれ合ったりすることとは全く異なる(そこに率直な自己はない)。平素の生活ですでに子どもとほどよい関係ができていればよいが,そうでない場合もある。具体的にどうすればよいだろうか。

 しゃがみこんでシクシク泣いている幼児の前に直立したまま「どうしたんだ?」と上から声を浴びせる人はいないだろう。自然に一緒にしゃがみこんで目線の高さを合わせ,しゃくりあげるリズムに呼吸を合わせ,か細い声で「あのね」と話しだせば同じトーンで「うん」と応じるだろう。「あのね……」で黙りこんでも先をせかすことはしない。声に出さずにうなずき続けるかもしれない。このような波長合わせを私たちは自然に,複数並行して行っている。

 波長合わせの最も基本的な形は乳児に養育者が行っている「あやす」ことである。情動調律ともいう。カウンセリングというと言葉で何かを聞き出さねばと前のめりになる人もいるが,それよりはるかに大切なのは,そのような言語

欄外:
- 教職課程コアカリキュラム
- ラポール(ラポート)
- 情動調律

的（バーバル：verbal）な次元に先立つノンバーバル（non-verbal）（言語獲得以前から行っており言語の基盤となっていることなのでプレバーバル〔pre-verbal〕とする〔神田橋，1990〕方が正確であろう）な次元で通じ合うことである。身体の向きや高さ，呼吸，目線，声のトーン（vocal），表情やジェスチャーなどで波長を合わせる。

バーバル
ノンバーバル
プレバーバル

同じように育児における「共同注視」（joint attention）も応用できる。乳幼児が言語を獲得していくとき，まず子どもが何かをじっと見たり指差しをしたりすると，注視する先を養育者が見て「ワンワンね」などという。こうして視線の先を共有して言語を獲得するときのような共有体験が，関係を開く。

共同注視

たとえば単純な軽作業を共にしてみる。「ちょっと手伝ってくれないかな」と。図工や特別活動などの教材の準備でもよいし，器具の移動や校庭の草むしりでもよい。同じことを黙々とやっているうちに，なんとなく連帯感が生まれてくる。ぽつりぽつりと話しだす子どももいるだろう。欠席の続く子どもを夕方に訪問して会うことができたなら「ちょっと散歩でも行くか」もよいだろう。特に何かを話そうとしなくてよい。自然な言葉が生まれるかもしれない。

共有という発想はあらゆる場合の基礎となる。面接に呼んだなら直前の子どもの**状況を共有**するのもよい。「呼ばれて驚いたかな」「急がせちゃったかな」など。子どもが**関心をもっていること**や**熱中していること**から話題にする方法もある。純粋な「知りたい」気持ちのときに言うのがよく，取り入る感じなら言わない方がよい。長期不登校の子どもとならばこの話題だけが当面はよい。

「相手の身になってみなさい」と指導する私たちが子どもの身になってみるのもよい（神田橋，1990）。教室で子どもの**座席に実際に座ってみる**。同僚に教壇に立ってもらう。いろいろな気づきが得られるはずである。

気乗りがしない子ども，抵抗感をもつ子ども，時には拒否的な子どももいて困ってしまうが，拒否感のようにはっきりと出している方が「心境を大いに語ってくれている」のだ。「そうね。急に呼ばれても話す気持ちにはなれないかな」とまずその「**拒否**」というメッセージをくみ取る。しかし早わかりしたつもりにはならずに，どこがどのようだからいやなのか，少しずつ理解していく。といっても進んで語りはしないだろう。「どうせ嫌なこと言われる，とか思ったかなあ」など推測した仮説を相手との間の空間に浮かべるように言葉にしておいていく。

表情が動いたら，それが通じたということだ。こうして徐々に思いをほどいていく。逸脱ぎみの服装などもメッセージなので話題にして共有してみるとよい。

　このような子どもには「話してほしい」と前がかりになるよりも，一歩下がり「まだここがわからなくて困っている。もう少し教えてくれると助かるんだが」ともちかけるとよい場合がある。実際「教えてほしい」のは私たちの本心だ。教えてほしい，そして理解したいのだ。「Not knowing」とよばれる，のちに学ぶ心理療法のひとつの立場の技法の応用である。

　このようにして対話を開いていくミクロな視点と同時に，解決するまでのマクロな時間的見通しももっておきたい。子どもへの学習指導が成果を挙げるまでの時間感覚は教育活動を通してやしなわれるだろう。学校で教科を学習するのは（たぶん）人類だけなので，このときの時間感覚を「**人間時計**」とよんでみる。その学校は集団生活で成り立っていて，ルールやまとまりが定着するまでの時間感覚も生活指導をするなかでわかってくる。ヒトも群れ動物から進化した自然界の一員なので，この感覚は群れ動物と共有できる「**動物時計**」とよんでみることにする。では心の元気，活力，エネルギーをなくしている子どもはどうだろうか。植物に，観察と環境調整（土が乾いてきたから水をやろう，など）を重ねていると，知らないうちに芽や葉が伸びてきたのに気づく。そのときのような時間感覚，命あるもの皆が共有している「**植物時計**」をもつことを勧めたい。言葉のやりとりではすぐに動けない子どものなかで，しかし生命の自己回復力は植物時計で動きつづけている。「様子をみましょう」と言っても何もせずに待つのではない。細やかに観察し環境をほどよく整える動きをするのだ。

3. 積極的傾聴の基礎的な技法 ・・・

(1) 常に用いる「聴き入る」技法

積極的傾聴　　それでは積極的傾聴の具体的技法を学んでいこう。生徒指導提要では7つの技法を紹介しているが，ここではカウンセリングを実践している者のひとりとして筆者が常備している技法を紹介していきたい。

　技法それぞれのなかに，ロジャーズの6条件を実現させようという動きが入

●表 2-4　基礎技法 1：常に用いる「聴き入る」技法

(a)身体で聴く	①身体を相手の方に向ける ②身体を相手の方に傾ける（身を乗り出す） ③相手を見る（目を直に見るより，下のまぶたか頬のあたりに） ④目線の始点を下げる（こころもち見上げる感じ） ⑤うなずく動作を入れていく ⑥（途中でさえぎらずに）最後まで聴く（語尾，接続語が重要） ⑦聴きながら感じる感触に聴き入る（感じ取る）
(b)声で聴く	①プレバーバルなあいづち（「うん……」「ほう……」「ん～……」など） ②バーバルなあいづち（「なるほど」「たしかに」など）

っている。そのことを意識してみてほしい。

　本項で示すのは，傾聴の最初から最後まで，どの局面でも切れ目なく**常駐する技法**である。身体で聴き，声で聴く。「聴くのは耳ですることではないか」と思うかもしれないが，全人的に聴くためには表 2-4 の技法が重要である。

　(a)の①から④はあまりに当たり前に思えるが，試しに誰かに正反対の姿勢をとってもらうと有難さが身にしみる。デスクワークなどで忙しいときに子どもに対してこれらがなおざりになることは避けたい。③や④は筆者の自然体なので各自自分にとって自然体になるあり方を探ればよい。低年齢の子どもには，目をしっかり見てあげる方がよいことが多い。⑤のうなずくリズムや強度は波長合わせとして重要である。⑥は，特に日本語では語尾でニュアンスや意味が変わったり接続語が文末に来たりするので欠かせない。⑦は徐々に意識していけばよい。上っ面だけごまかしている感じ，もっと何か言いたそうな気配など，感触として伝わってくることをキャッチしていくようにしよう。

うなずく

　(b)のあいづちでは①のプレバーバルなものが圧倒的に重要である。動物が鳴きかわすように，呼吸をあわせ，リズムをあわせ，トーンをあわせて語りに寄り添う。無言が続くときも，うなずく動作とともにトーンを入れ続けて沈黙に聴き入る。

あいづち

　②のバーバルなあいづちは本当にそのように思ったときに自然に口から漏れるくらいがよい。そうでないと空々しくなるからだ。

(2) 話を聴き始めるときに用いる技法

　では実際に話を聴き始めるとしよう。

● 表2-5　基礎技法2：始めるときに用いる技法

(c)始める	①場面構成（「今から○○分まで……」など） ②始めの声かけ（「どのようなご相談でしょうか」など）

表中の発言例はあくまで成人を相手にするときの例であり，子どもには自然な言い回しに変える。

場面構成　　最初に行うのは表2-5(c)の場面構成である。今はどういう時間で，これはどういう場面で，相手はそもそも誰なのか，これらがあやふやでは何をどう話したらいいかわからない。専従のカウンセラーなら自己紹介して相手を確認し，確保した時間（と空間）を説明すれば事足りるが，教師はそうはいかない。今からの話は**何のためなのか**，そもそもなぜ日常のなかにわざわざ設定したのか，簡明に理解してもらう必要がある（「このことが気になって」「このことについて聞きたかったんだけど」など。厳しめに「なんで呼ばれたかわかるか？」と尋ねるのがよい場合もあるだろう）。時間や空間が確保しきれないなら，そのことを正直に言う方がよい。どんな場合でも相手と**見通しを共有すること**が対話の基盤なのだ。子どもが相手なら自己紹介や相手の確認は不要なことが多いが，保護者には必須の手順となるし，そもそもの礼儀作法である。保護者と話す場合は時間と場所を区切る方がお互いを守り内容を守る。トラブル対応などではそうはいかないこともあるが，いつまでに何をゴールとするかだけでも最初に共有したい（そこに至るまでにまず傾聴と整理が先になることもあるが）。

　最初にどのように声を発するか。これもやはり誰とどのような経緯で面接することになったのかで異なってくる。筆者は自主来談者に応じることが多いので「どのようなご相談でしょうか」と言う。相手に**責任ある対処主体**として立っていてほしいからだ。教師の仕事のなかでは保護者から面談を求めてきた場合に使えるだろう。子どもが自主的に話しに来たら「なあに？」「どうしたかな？」でよいだろうが，教師から声をかける場合の最初の一言は，自然に出てくるものがよい。その場合も，責任ある対処主体であることを損ねず，むしろそれを引き出すようなものでありたい（「こうしたいのに困っているように見えたんだけど」「あのことで苦労しているかなあと思ったんだけど」など）。

(3) 語りを促進する技法

　積極的傾聴も傾聴なのだから，**基本的には相手が話すままに話してもらう。**

● 表2-6　基礎技法3：語りを促進する技法

(d)繰り返す	①語尾を繰り返す ②全体を繰り返す ③引っかかりを覚えた言葉を繰り返す
(e)リードする	①事柄のリード（「……と思われたとき，どのようなことが起きていたのか，もう少し詳しく教えていただけますか？」） ②感情のリード（「……のときにはどんなお気持ちになりましたか？」）

表中の発言例はあくまで成人を相手にするときの例であり，子どもには自然な言い回しに変える。

その方が受け取る情報が豊かになるからだ。しかし話が止まってしまうことがある。**沈黙のなかに何かが動いている**ようなら，あいづちで聴き入るのがよいが，話したそうだが途中でつっかえているというような場合や，物事の一部だけを話していてなかなか全体像に向かいそうにないときに，語りを促進する技法を用いる。これらも最後まで常駐して用いる技法である。

特に表 2-6(d)の繰り返しはひろく用いることができる。ちょっと詰まっているくらいなら①の語尾の繰り返しでよいが，②のように相手の発言全体を語尾まできちんと繰り返すと丁寧だ。やりすぎるとしつこいので流れるように話が進んでいるときはあいづちだけでよい。③も重要で，**言い回しが気になる，聞きなれない言葉を使う，専門用語を使う**，というようなときにその語を繰り返してみると，その語に込めた意味や思いを語ってくれることがある。

理解するための傾聴なのだから，**頭のなかに映像を浮かべつつ，映像のなかの空白部分を埋めていくように**，まずは表 2-6(e)の非指示的リードをしながら聴いていく。「感情がとめどなくあふれかえってくるが，出来事の筋道がいまいちわからない話」ばかりが続くなら①の事柄のリードを用い，どれが何に対する感情で，どのようにして思いが出てきたのか，**対応づけて筋道を聴く**。逆に「出来事ばかり詳細に話すが感情がともなわない話」なら②の感情のリードで思いを語ってもらってやはり対応づける。こうして理解像がしだいに共有されてくる。

繰り返し

非指示的リード

事柄のリード

感情のリード

(4) 語りへの理解を進める技法

傾聴するのは理解するためだった。ロジャーズの 6 条件に「伝える」の語が繰り返し登場したことも思い出そう。それらを実現するための技法である。

まずは今まで話してもらったことを「このように理解したが，それで合って

● 表 2-7　基礎技法 4：語りへの理解を進める技法

明確化	(f)確かめる（生徒指導提要にある「明確化」をより細やかに技法化したもの）	①事柄を言い換えて確かめる（「おっしゃることは……と理解してよいでしょうか」） ②感情を言い換えて確かめる（「今のお話しからすると，……と感じておられるのかな，と思いましたが……」）
	(g)質問する	①映像の空白を埋めるように質問する。（クローズド・クエスチョンとオープン・クエスチョン） ②相手が次に言いたそうなことを質問する。流れに沿って，次に出てきそうなことを質問する。
直面化	(h)伝える	①解釈（「今の話をお聞きして，私が感じたのは……」「私からは，……とも思われます……」）（類書で散見する「直面化」はこの一種である）

表中の発言例はあくまで成人を相手にするときの例であり，子どもには自然な言い回しに変える。

言い換え　いるだろうか」と表 2-7(f)の言い換えを用いながら確かめる。リードと同様，**事柄と感情の両面から進める**（うまくいくと事柄と感情の結びつきがほぐれて柔軟になり，変化へと向かうこともある）。相手の「内的照合枠」に今どれくらい近づくことができているかが見えてくる。

質問　するとまだわからない部分や理解がずれている部分も見えてくるので，表 2-7(g)の質問をしながら理解を進める。頭のなかに映像を描き，まだ空白になっている部分を埋める情報を得る①の質問をする。**クローズド・クエスチョン**とは「イエスかノーか」や選択肢式の質問で，答え方が限られる。**オープン・クエスチョン**では「どんな気持ちがしましたか？」のように答え方が自由である。得られる情報量は後者の方が豊富だが陳述する側にエネルギーが要る。言葉にするエネルギーが乏しい相手にとってはクローズド・クエスチョンの方が有難い。選択肢の言葉選びを工夫していくことで得られる情報は豊富にできる（徐々にオープンにしていくことができるに越したことはないが）。相手が次に言いたそうなことが見えるときにはそれに沿って②の質問をすればよい。

そして聴きっぱなしではなく，表 2-7(h)のように**自分の視点から見えたことや感じたことを伝える**。ここで特に「自己一致」を活かす。添えるように伝えるのがよい。「ちがっているなら『ちがう』と言ってほしい」と先に伝えておくと(g)の「質問」に戻って（「ちがっていたのはどこで，本当はどんな風なのか教えてほしい」など）より細やかな理解に向かう対話の端緒となる。

純粋な傾聴技法による理解ということでは以上となるが，学校現場での対話

ではさらに加えるとよい場合のある技法が2つある。

ひとつは「**願いを聴く**」である。対話の最初，表2-5(c)の②の問いに対して自発的に語られればよいが，その後の傾聴のなかで，「今がこういう状態で，こう思っているのなら，もっとこうなりたいのではないか」と見えてくることがある。そうしたら，表2-7(f)の「確かめる」を用いて，目線を未来に向けた形で共有する。「このことに困っているということかな」「なんとかなるなら，なんとかなりたい，そういう気持ちなのかな」「今聞いた話から，もしかするとこんな風になっていきたいのかなあ，と感じたんだけど，合っているかな」。このような問いかけになるだろうか。

もうひとつは「**提案**」である。願いがわかったとして，ではどのようにしてそれをめざすのか。まずは本人に思いつくところを聴いていく。傾聴が進んだことで，新たな思いが生じやすくなり，自発的に語られるならばそれでよい。一方でこちらにも理解が進展するにしたがって，「こういう方法がいいかもしれない」「このようなアイデアもあり得るな」と思い浮かぶことがあるだろう。それを伝えてみる。押しつけになったり，相手が消化不良を起こしたりしないためのコツは，どの方法やアイデアも手段であり，等価であり，あくまで**選択肢**なのだという雰囲気で，2人の間の空中に複数浮かべる雰囲気で語ることである。それらのなかから相手が**主体的に選択**するようにするのである。

選択したものは「**仮説**」として「**試しにやってみる**」ことにするとよい。最終結論とするのではなく。うまくいけば続ければよいし，うまくいかない部分があったなら，それはどういうことでそうだったのか，ではどうするとよいか，という次の対話につなげていく。より理解が深まって，次の提案にもつながっていく。

4. その他の「ちょっとした」発想と技法 •••

基本的な傾聴技法を見てきたが，この他に対話において力を発揮する「ちょっとした」発想や技法がある。

まず「**なぜ**」（Why）というセリフを禁句にしてみよう（神田橋, 1994）。実際に日常会話で「なぜ?」「どうして?」といわれるとわかるが，問い詰め

られる気持ちが生じ，豊かにのびやかに語りにくくなる。「この子どもがあのときにこういう言動をとったのはなぜだろう」と心中で問いつつ理解を進めることは大事だが，言葉にするときは「なぜ」を使わずにそこを尋ねる問いを工夫することを心がける。How や What などを使うことが増えるかもしれない。

「あなたたちは本当に落ち着きがない」と言われると不本意にも思うが，「落ち着きがないままだと先生は悲しい」と言われたら我が身を振り返る気持ちが生じる。主語が You だと雰囲気がぴりっと締まるが萎縮もするかもしれない。

Iメッセージ　主語を I にする（I メッセージ）と内省的になる。使い分けである。

例外探し　「例外探し」という技法が有用なときがある。「いつも失敗ばかり」と落ちこんでいる子どもがいたら，「昨日はどうだった？」「その前の日は？」と尋ねてみよう。「失敗ばかり」の例外，つまりそうでもなかったときもあるのに気づくはずだ。ただし「いつも」と思うくらいになっていた重みは受け止めたい。

以上3つの逆表現を合体させると強力な追い詰め言葉になる。「どうしてあなたたちはいつもこうなの！」。しゅんとしてしまう。動きが止まる。

スケーリング　「スケーリング」という技法もある。落ちこんでいたり，気分が悪かったり，モヤモヤしていたりする子どもに，「今の状態は，最悪をゼロとして，全く何も問題ないときを 10 としたら，いくつくらい？」と聞いてみる。ゼロと答える子どもはまずいない。「1 か 2 くらい」というならば，「ゼロじゃなくて 1 か 2 なんだ。それは何があるからなんだろう」と聞くことで，今後につながる種を探すことができる。少し元気が出てきたら「3 になるにはあと何があるといいかな」と尋ねてみる。解決への第一歩がイメージできるかもしれない。このスケーリングと上記の例外探しも後述するある心理療法の技法である。

5. 心理療法から学ぶ

(1) 心理療法から活かしこむことのできるもの

ここまでも見てきたように心理療法の発想や技法のなかには教師の仕事に活かしこむことのできるものがある。そのようなものを表 2-8 にまとめた。

表 2-9 は学校での利用はまれだが，古典的なものとして教員採用試験対策本

●表 2-8 様々な心理療法と教師の仕事への応用

系譜	学派・治療法	簡単な説明および応用できる発想や技法
精神分析（広義）の系譜（特にフロイト派の精神分析はその後多岐に発展し、様々な立場を産み、現代でも新たな展開をしている）	フロイト派 精神分析	1章で既述。本格的な治療では、夜に見た夢から自由連想をする夢分析で自由連想を助ける技法もある。
	アドラー派 個人心理学	フロイトの初期の門下生だが発想の相違から早期に離脱し独自の立場を築く。原因よりも目的を志向、個人を分割して分析せず他者とのつながりを重視、共同体感覚（他者や世界への関心、所属感、貢献感、協力、相互的な尊敬と信頼）を重視する点が学校教育と親和性が高く、我が国では近年注目が高まる。勇気づけ（「あなたには力がある」「貢献している」「必要とされている」などのメッセージを込めた声かけ）の技法も教育的である。
	ユング派 分析心理学	フロイトとアドラーの相違を考究し1章第2節でみた類型論を体系化。図2-1のように人は最も分化した機能で意識的に言動するが、最も未分化な機能が対極の無意識にあり思わぬ言動をもたらす。そこで2番目に分化した機能（図の例では感覚）の助けなどを借りつつ対極の機能の分化と意識化に向かい、十全的全人性をめざす動的過程としての自己実現を唱えた。症状や問題はその目的のために存在するとし、また無意識には個人的無意識の基底にさらに様々な単位の集合的無意識があるとした。そこから湧出する様々な心的エネルギーを「元型」と命名、元型的イメージ（「太母〔グレートマザー〕元型」「英雄元型」など）を介して内面で動く諸力の洞察と活用をめざす（上記の目的のために夢分析も行う。フロイト派とは目的と方法が異なる）。心の機能や元型においては対極的なものの**相補性**に留意する（正義という「光」の強調が懲罰の残酷さという「影」をまねくことに留意する、など）という見方や、症状の**目的性**という視点は子どもの成長や集団のあり方などを長期的に見立てるときに役立つ。
認知行動療法の系譜	認知行動療法	1章で既述。学級で用いることのできるワークブックなども市販されている。
人間性心理学の系譜	来談者中心療法	1章で既述。単独でひとつの心理療法の流派であり、同時に諸派の共通基盤でもある。
	フォーカシング	ロジャーズに師事した哲学者ジェンドリンが開発した技法。私たちが抱く感情などは分析する対象物ではなく、刻々と心身の内部で過程として動いている「体験過程」の一局面であり、その過程が展開していくことが心理療法においては重要で、そのために身体感覚などで感じられる「フェルトセンス」を手がかりとする技法を考案した。体験する者（フォーカサー）1人でも行えるが、ガイド（リスナー）の助力を得るとなおよい。リスナーとして相手の内なる動きを感じ取る感覚はカウンセリングの実践者にはある意味で必須のものである。一方でフォーカサーを体験すると自己一致を様々な深度で体験でき、指導において自分に対しても子どもに対しても無理矢理感が減る。

フロイト派
精神分析
夢分析
アドラー派
個人心理学
共同体感覚

勇気づけ

ユング派
分析心理学

集合的無意識

元型
元型的イメージ

認知行動療法

来談者中心療法

フォーカシング

●表 2-8　様々な心理療法と教師の仕事への応用（続き）

	系譜	学派・治療法	簡単な説明および応用できる発想や技法
遊戯療法 アンナ・フロイト クライン アクスライン	表現療法の系譜	遊戯療法	子どもは言葉よりも遊びで自らを語る。適度な広さのプレイルームと簡素なおもちゃを用意し，子どもが自発的に自由に遊ぶのに寄り添いつつ，読み取れる気持ちを言語化していく。読み取りや言語化には精神分析的立場（アンナ・フロイト〔Freud, A.〕，クライン〔Klein, M.〕など），ユング派的立場，来談者中心療法的立場（アクスライン〔Axline, V. M.〕）など様々あるが，プレバーバルに感じ取られるものが重要である。教師としては「**子どもは遊びで語る**」視点をもつことが重要で，休み時間の様子の観察や自分も遊びに参加することなどで子どもを生き生きと理解できる。面接して言語で聞き出そうとするよりも有効な場合が多々ある。
描画療法 箱庭療法 ローエンフェルド カルフ		描画療法など（なお，心理検査としての描画法については4章で述べる）	絵画（家族画などの課題画，スクイグル〔特に意味のない描線から画を完成させる〕などの半構成法，などから全くの自由画まで），コラージュ（雑誌などの写真を切り抜いて張り合わせて作品にする），粘土などの作品で内面を表現させて理解する方法。有名な箱庭療法（ローエンフェルド〔Lowenfeld, M.〕の「世界技法」をカルフ〔Kalff, D.〕が改良して確立）もこの一種である（音楽療法やダンスセラピーなどもあるが高度の専門性を要し，適用の範囲も特殊である）。これらは子どもだけでなく成人にも適用できる。読み取り方にはやはり様々な立場があるが，プレバーバルな感じ取りが重要なのは遊戯療法と同じである。心理療法では感じ取ったことの言語化をめざすことが重要。教師としては子どもたちの**書道や図画工作**などの作品を，子どもの今の心境が表れているかもしれないという目で見てみることを勧めたい。
家族療法 解決志向療法 ナラティブ療法	家族療法の系譜	コミュニケーション学派やシステミック派などから，解決志向療法やナラティブ療法などの構成主義的方法に至る流れ	家族合同面接で生じる独自の治療機序について，20世紀後半に様々な流派や技法が左記のもの以外にも多数派生し理論化された。しだいに家族を対象とすることにとどまらず，様々な単位でコミュニケーションのあり方をどう捉えて変化させるかという方向に分岐し発展した。共通するのはパターンや枠組みを変える（**リフレーミング**）ということである。駅のトイレに「汚さないでください」と掲示していたものを「いつも綺麗にお使いいただきありがとうございます」とすると変化が生じるような原理である。母親の小言が子どもの荒れと悪循環になっていたら，言葉で言わずに紙に書いてそっと渡すなどの変化を入れてみるなども一例である。様々な対話や介入の技法を次々と創意工夫するのがこの立場の特徴で，前節までに紹介した，Not knowing，例外探し，スケーリングはこの立場のものである。基本的に原因究明型ではなく，簡潔な解決を志向することから，教師が取り入れやすい技法を多数有している。問題行動などは実体ではなく関係のなかで構成されたものとして，いったんほぐして再構成を探る点も特徴であり（社会構成主義）教師の視点を柔軟にする。
動作法 成瀬悟策	動作法の系譜	臨床動作法	成瀬悟策が開発した日本オリジナルの治療法。脳性麻痺児が肢体を楽に自由に動かすための動作訓練法に始まり，近年では広範なリラクゼーション技法にまで発展。「とけあい動作法」など，子どもの緊張緩和，興奮鎮静，あるいは関係づくりなどに直接活用できるものもある。

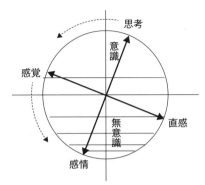

●図 2-1　ユングの類型論の力動性（河合, 1967 より一部改変）

●表 2-9　その他の心理療法

名称	創始者	簡単な説明
ゲシュタルト療法	パールズ (Perls, F. S.)	様々なイメージや具体物を用いたワークを行い「今，ここ」に存在する自らの欲求を形にして発見し，あらためて自己の全体へと統合していく。
心理劇	モレノ (Moreno, J. L.)	グループのメンバーの心理的課題などの構成要素を数名で分担して即興の役割演技を行う。様々な気持ちを可視化して体験し，新たな自己発見を得る。
交流分析	バーン (Bern, E.)	人生早期に養育者のもとで作られ対人関係のあり方などを導いている「人生脚本」を発見し，それを健康なものに書き直していく。
森田療法	森田正馬	戦前の日本で対人恐怖症の治療として創始。不安にとらわれた状態から，「不安があるのも自然なことで，あるがままにあればよい」という方向へと導く。
内観療法	吉本伊信	個室に宿泊，親など身近な人に「してもらったこと」「して返したこと」「迷惑をかけたこと」の3つのことを幼少期より段階的に振り返る。非行などに有効とされる。

ゲシュタルト療法
パールズ

心理劇
モレノ

交流分析
バーン

森田療法
森田正馬

内観療法
吉本伊信

などに記載のあるものである。

(2) グループアプローチを試してみる

　心理療法のなかには個別面接ではなく小グループで行うものがある。そのようなグループアプローチも多彩に発展したが，開発された様々なアプローチなどを学級で用いて学級づくりや子どもの適応に役立てることができる。代表的

グループアプローチ

なものを表2-10にまとめた。関心と余力があれば試してみるのもよいだろう。

●表2-10　様々なグループアプローチ

	名称	簡単な説明
エンカウンターグループ ベーシックエンカウンターグループ 構成的エンカウンターグループ	エンカウンターグループ	ロジャーズのカウンセラーの3条件の状態が備わった小グループでは，自己成長力に加え集団自体の成長力が自発的に作用するとして，数泊の宿泊形式で自由に語り合うグループセッションを重ねる「ベーシックエンカウンターグループ」が基本。 宿泊に限らない形で，あらかじめ準備したエクササイズなどに共同で取り組み，感じたことを分かち合う「構成的エンカウンターグループ」は授業でも実施でき，多層的な自己理解や他者理解，様々な関係体験が子どもや集団の成長をもたらす。
構成型グループ・エンカウンター	構成型グループ・エンカウンター	上記の「構成的エンカウンターグループ」とほぼ同一内容。流派による呼称の相違である。リーダーによるインストラクションを重視し，実体験するエクササイズと振り返るシェアリング（分かち合い）から成る。
ピア・サポート	ピア・サポート	ピアとは「同輩」「仲間」の意で，子ども同士が互いに励まし支えることができることをめざすエクササイズを主とし，振り返りを重視する。
アサーショントレーニング	アサーショントレーニング	主張訓練。自己主張は時に相手を損ねるが，逆に相手に気を遣い過ぎ遠慮ばかりではフラストレーションがたまる。そこで，自分も相手も大切にしつつ，正直に率直に場にふさわしく表現する方法を練習する。悪いことに誘われたときの断り方なども学ぶ。
アンガーマネジメント	アンガーマネジメント	教育場面で子どもがキレたり，教師が怒りすぎたりすることから注目される。物事の受け取り方のクセや，怒りのきっかけになりやすいことについて自己理解したうえで，下記の呼吸法などの鎮静化技法を行う。
ソーシャルスキルトレーニング ストレスマネジメント コーピング	ソーシャルスキルトレーニング（SST）	（1章で既述）対人関係の基本的な技術として，挨拶の仕方，話の聴き方，問題処理の仕方，ストレスマネジメント（ストレス対処法の総称。単体をコーピング〔コーピングスキル〕ともいう）などを習得する。
ライフスキルトレーニング	ライフスキルトレーニング	上記のSSTに非行予防などを加味して「生命や健康を守るスキル」としたものを指す立場が一部に存在するが，現在は主に発達障害児・者が日常生活やコミュニケーションなどでの苦労をうまく乗り越え，社会適応や積極的行動をしていくスキルを獲得するトレーニングを指す。身辺自立から就労後までを視野に入れる。
ロールプレイ	ロールプレイ	役割演技。表2-9の心理劇に端を発する。上記の集団技法のエクササイズにしばしば用いられる技法。様々な設定での役割演技を通して体験したことを分かち合ったり，スキルの練習をしたりする。
ロールレタリング	ロールレタリング	家族，友人，教師，「未来の自分」，「過去の自分」などに宛てた手紙を書いてみて，一定期間保管。後日読み直し，今度は相手の立場から返事を書く。この繰り返しで自己洞察を得る。
	呼吸法，瞑想法	軽く目を閉じ思い切り息を吸ってから3回に分けて吐く，半眼で自然に呼吸しながらその数を数えていく（数息）などは，リラクゼーションと落ち着きをもたらす（より精密な方法も開発されているが，割愛する）。また1分間の黙想などを始業時などに行うことも学級の落ち着きを増す。

3章
発達という視点からみる

　前章までは，教師になったときに，目の前にいる子どもたちとのやりとりで役に立つツールを紹介した。

　そしてクラス担任になっていく。受け持った以上，何か困難や問題を抱えている子どもには，自分が担任しているうちになんとかしてあげたい。教育者として自然な気持ちだ。

　しかし子どもたちは，私たちと出会う前に，産まれてから今日に至るまでの日々を重ねている。重ねた日々がこの子どもを形づくり，今の姿に至っている。

　だから子どもをより理解していくために，過去から現在への時間軸で見ていく視点をもつことが重要となる。

　つまり発達という視点である。

　受け持っている間になんとかしたいが，そうはいかないこともある。だがそれではだめだということはない。しっかりと来年度に引き継げばよい。早期解決を焦らない方がよいことも多い。

　特に，発達段階に応じて準備状況が整うのを待つ方がよい場合もあることに留意したい。

　子どもたちはこの先どのように発達していくものなのかを知っておけば，今焦らなくてもよいとわかることもある。現在から未来への時間軸で見ていくことである。じっくり構えてかかわりながら，情報を整理して次につなぐツールとなるのも発達という視点である。

　過去から現在へ，そして未来へとつながっていく時間軸に沿って捉える，発達というツールを学んでいこう。

1. 発達を捉える3つの軸

(1) 3つの軸と子どもたち

　子どもたちの発達を捉えていくにあたり，滝川（2017）の示した図式を用いて整理していく。これを用いることで，産まれてから今の姿に至るまでの育ちを，その困難（発達障害とよばれるものまで）も含めて整理して理解できる。

　乳児は胎内から未知の世界に産まれてくるので周りの世界を知っていかねばならない。一方，生存していくために周りの世界とかかわっていかねばならない。前者を「認識の発達」，後者を「関係の発達」と名づける（前者は「認識」であって「認知」ではない。「関係認知」という言葉があるように，認知とは関係発達などにも共通する基盤の機能である）。発達である以上，早い者もいれば遅い者もいる。発達の程度を横軸に，人数を縦軸に取れば，図3-1のような正規分布になる。認識の発達も関係の発達も，どの年齢でも自然現象として，この形の分布となる（より正確には，遺伝的な病理的障害などで発達の遅れる子どもが加わるので，分布の曲線の左端が，正規分布曲線より少し持ち上がる形となる）。

　そして今度は認識の発達を縦軸に，関係の発達を横軸として組み合わせると，子どもたちは図3-2のように分布する。ドットの一つひとつが個々の子どもで，このように右斜め上45度のベクトルD（Development：発達）に沿って星雲状にひろがって分布する。なぜ右斜め上に分布するのか，その理由を以下で説

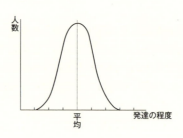

●図3-1　正規分布

明する。

　まずY軸の「認識の発達」は，X軸の「関係の発達」に支えられて伸びていく。人間にとって認識とは社会的な約束事だからだ。物の名前ひとつとってもそうである。養育者とのやりとりのなかで最初は覚えていくだろう。

　逆にX軸の「関係の発達」も，Y軸の「認識の発達」に支えられる。社会的な約束事をより多く知ることで，関係の世界もひろがる。物の名前を多く覚えれば，これまでよりも自分の要求を周りの人とやりとりしやすくなるというように。

　こうして，認識と関係の双方の発達が互いを支え合い，XとYとの合成ベクトルとして発達が進んでいくので，右斜め上方向にひろがって分布するのである。双方の発達の速度が中程度の個体が最も多くなることから45度のベクトルDに沿って発達していく子どもが多くなる。

　生後間もない乳児はみな，0の点の付近に固まっているが，月齢を重ねるにつれてベクトルDの方向に進んでいき，ちょうどマラソンのランナーたちのように，進むにつれてばらついていく。1歳児よりも2歳児のほうが，2歳児よりも3歳児の方が，星雲状のばらつきは大きくなり，X軸の方向で遅れをとる子ども，Y軸の方向で遅れをとる子ども，双方で遅れをとる子どもなどが出始める。遅れの程度の著しい子どもも目につくようになり，図にあるように発達上の「障害」という診断名がつくことになる。年齢が上がるほどばらつきが

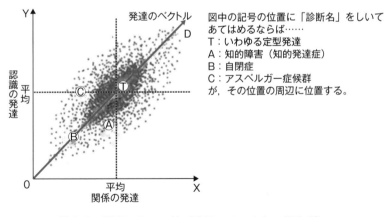

●図 3-2　発達の 2 つの軸（滝川，2017 より一部改変）

大きくなるので，乳幼児期には診断名がつかなかった子どもが小学校入学後に遅れが目立つようになったり，なかには高学年や中学校に上がってからようやく遅れに気づくことになったりする子どももいる。申し送りで**特記事項がなければ何の心配もいらない**，とはならないのはこのためである。発達の速度は一様ではないので，学年が上がるにつれて遅れが目立たなくなるような伸びをみせる子どももいる。

　図3-2を見れば，私たちが「知的障害」とか「発達障害」とかの名で出会う子どもたちも，他の子どもたちと画然と区分される領域にいるのではないことがわかるだろう。あくまでも子どもたち全体という**連続体のなかで相対的に遅れているだけ**である。この場合の「障害」にあたる英語は disorder（「場所がずれている」というほどの意味で，defect や disability などとは異なる）であり，まさにこのような相対的な遅れを指している。

　だから「障害があるから遅れるのも仕方ない」と捉えるのは誤りで，**今のところ遅れがある状態を「障害」と名づけただけのことだ**と理解してほしい。

　「遅れ」なのだから，**はたらきかけ次第で伸びをよくすることもできれば**，遅らせてしまうこともあり得る。子どもの側の発達の脚力が弱くても，育てる側のかかわり次第で大きく伸びていくし，子どもの側に力があっても，育てる側が適切な刺激や応答を与えなければ伸びていかない。どちらの軸の発達も，子どもの側からの動きと，養育者の側からの働きかけや応答とがあって進んでいくのだから，どちらかが，あるいは双方が弱いと遅れることになる。**発達とは相互的なものなのだ。**

　2つの軸で捉えることは様々な遅れの質のちがいを理解することに役立つ。

　たとえばX軸は相川（2017）の詳細な考察を加味すれば「共鳴し合う関係性の発達」ということもできる。仮に「X軸方向ばかりが発達した子ども」を想定してみると，たとえば段差で転んで泣いているクラスメイトを見れば真っすぐに駆け寄るが，何もできずに一緒になって泣いているだけとなるであろう。「知的障害」の子どもがなかなか物事を理解できないけれども人懐っこいのは，この「極端な想定」のような特性を，ここまで極端ではないが，ある程度もつためと考えてもよい。

　同様にY軸は「システム化して認識する力の発達」ともいえる。「Y軸方向

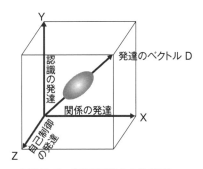

●図 3-3　精神発達の立体構造
（滝川，2018 を元に作成）

ばかりが発達した子ども」を仮定すれば，先の例の段差で転んで泣いているクラスメイトを見ても「では段差が何センチだったら転ばなかっただろうか」と一人で考えこむだけで，かかわる動きは起きないであろう。「アスペルガー症候群」などを含む「自閉症スペクトラム」の子どもが，物事を理解する力が分野によってはかなり細やかで優れているのに人との関係がぎこちなかったりすることも，この「極端な想定」のような特性を，ここまで極端ではないが，ある程度もつためだと理解できる。

　さらに滝川（2018）はこの2つの軸に加えて「自己制御の発達」の軸を加えた3次元モデルを新たに提起した（図3-3）。図3-2のX軸とY軸とに三次元的に直行するZ軸をあらためて設定して「自己制御の発達」とすると，子どもたちはどの軸に対しても45度になるベクトルDに沿ってラグビーボール状に分布する。するとADHD（注意欠陥多動性障害／注意欠如多動症）傾向についても連続体のなかに位置づけることができる。Z軸における遅れをそのように名づけたのだ。こうすることで「多動的な自閉症」，「多動的な知的障害」，などの子どもも，連続体のなかに位置づけて理解することができる。

　そして学習障害（限局性学習症：LD）は大枠をなす3つの軸に目立つ遅れのない，読字・書字・算数等の限局的な機能の発達の遅れである。これらは3つの軸に比べて「正解」やそこまでの手順がシンプルだからこそ遅れが目立ってしまい，教科学習の初歩（シンプルで現代文明の基礎なのでここに位置づくのだが）から直面するので苦労が絶えない。けれどもやはりそれらの機能の発

自己制御の発達

達もまた連続体であり診断は便宜的なものであることには留意したい。

(2) 認識の発達の軸とは

では3つの発達の軸はそれぞれ具体的にどのような方向へと伸びていくものなのだろうか。滝川（2017; 2018），相川（2017），平島（2018）などに依拠しつつ概観してみる。

まず認識の発達である。

探索活動　未知なる外界に産まれた乳児は，自分の感覚機能と運動機能を動員して探索活動を行う。すると，注視しても反応が返ってこない「もの」と，さかんに目の前に現れ，注視すると微笑などで反応する「ひと」，とりわけ養育者とのちがいを認識するようになる。こうして通常生後数か月間までに**人間を認識する**ことが関心の中心になっていく。

「もの」への関心も続くのだが，これ以降は単独での探索ではなく人との関係を介してのものとなる。乳児が何かを凝視していれば養育者は「ワンワンだね」「ブーブーよ」と声をかける。しかし壁の継ぎ目など意味の薄いものを凝視していても特に声をかけはしない。こうして乳児の認識は，大人と共有する意味あるものと，特段意味のない無関心でよいものとに分化していく。やがて**言語の獲得**　これが共同注視（joint attention）へと発展して言語の獲得へとつながる。このように関係の発達とあいまって認識が発達するのである。

平均的な子どもたちはこの後も，関係発達に支えられて言語発達や思考の発達へと認識を発達させていくが，それらについては次節で述べる。

他方で自閉症スペクトラムの子どもたちは関係の発達の脚力が元々弱く，大人との「共有」を介して認識が発達する経験を自然にはなかなか重ねられない。そのため**独力での探索**に頼りつつ，関係のなかで共有される象徴（言語やイメ**直接性**ージなど）を介さない直接性（相川，2017）でもって体験されること（感覚刺激など）を主な手がかりとして認識を発達させる度合いが高くなる（図3-2のDのベクトルよりもY軸の方に傾いて発達する子どもたちである）。人よりも物に没頭するように見える子どもがいたり，みんながスルーできている感覚刺**感覚過敏**激が気になって情報処理に負荷がかかってしまう子ども（感覚過敏とよばれるが，不思議とスルーされる感覚領域もあるので，未分化というのが適切であろ

う）がいたり，言語を字義的には理解できても「言葉の綾」などが理解できずに対人関係が不器用になる子どもがいたりするのはこのためである。

しかし丁寧に接してみると，「他者と共有したい」願いをどこかにもっていることが見えてくる。それが満たされない孤独さも見えてくる。ここを保護して根気よく丁寧にほどいていけるかどうかが，その後の発達や適応を非常に大きく左右するので，学校や教師の果たす役割は大変大きい。

(3) 関係の発達の軸とは

鳥類，哺乳類などの生後に自力で身を守れない生物には，最初に見た「動くもの」を「親」と認識するインプリンティング（刷りこみ。ローレンツ〔Lorenz, K. Z.〕が発見）という学習が生じ，認識したその表象（通常は親である成体だが，他の動物や人間，物体に対しても生じる）を生存に必要な「安全基地」とみなして近接し，「利用可能性」のある存在として接近を維持する性質がある。ボウルビィ（Bowlby, J.）の唱えたアタッチメント（愛着）は元々このようなものだが，人類の新生児の場合（ヒナ鳥などとちがい）対象へと自力で移動できないため，乳児からの接近要求に対して養育者からも抱き上げるなどして接近的にこたえるという**双方向的な動きを要する**ことが特徴的である。

生後間もない乳児は不快を自力で除去できず，生理的反射として泣くだけだ。しかし養育者はこれを訴えとして受け取る。すなわち心をもつ存在として認識し，応答しようと試行錯誤する。そして不快除去にとどまらず，抱っこしたり頬ずりをしたりして乳児の気持ちを落ち着けたり不安を和らげたりしようとする。これらをマザリングというが，ここにも双方向性がある。さらにスターン（Stern, D. N.）の言う，互いに声や体のリズムなどを響かせ合う情動調律をも重ねつつ，単なる安全基地を越えて，愛撫的な相互接近や親密な交流自体を目的とすること，すなわち「甘え」を求めるようになる。これが関係の発達を推し進め，関係のひろがりにともなって社会性へと至らしめる。ここに人類のアタッチメントの本質的な特徴があり，「愛着」という訳語にはその意味が込められていることが多い。後に学ぶフロイトの精神分析の発達論がその前提とした「小児性愛」という用語も，このような関係希求性を指していたと考えられる。

乳児はこの後，2者関係での愛着を基盤として周囲の他者との関係をひろげ，

> インプリンティング
> 刷りこみ
> ローレンツ
>
> ボウルビィ
> アタッチメント
> （愛着）
>
> マザリング
> スターン
> 情動調律
>
> 甘え

葛藤のある3者関係を経て社会的関係に向かうが，このプロセスについては第3節の(2)のなかで述べる。

　この愛着形成において，やはり個体差として**愛着力発達の脚力が弱い**子どももいるが，人間の場合双方向的なので，**養育者が補完して形成されることも多い**。しかしこれが**過度に弱い**子どもも存在し，関係発達に困難を抱えることとなり，この一群を自閉症スペクトラムとよんでいるのである。この子どもたちも愛着希求をもってはいるのだが，それ以上に，養育者が愛着的に接近するときに受け止めきれない刺激や圧力を感じてしまう。そのため接触を回避してしまい，子どもによっては養育者からの接近行動を引き出すような行動もしないようになる。目を合わせない，関心を見せないなどの「自閉的」とされる現象だが，**愛着希求はあくまで有しているので**，内心は実は愛着ジレンマのなかにある。微妙な甘えの兆候をキャッチして，脅威にならないデリケートな接近による補完を行うことが，愛着形成と関係発達に重要な役割を果たす。

　また，関係の発達が認識の発達に支えられる点にも留意が必要で，**認識の発達の脚力の弱い子ども**が，ものわかりが悪いからと邪険にされることで関係発達が阻害されたり，一見みんなと共鳴して楽しく過ごしているようで実は遊びの意味がわからないまま過ごしているだけだったりすることがある。**あきらめに近い孤独**のなかを生きてきているというような内心に思いを向けたい。

　さらにアタッチメントはきちんと養育してくれない親に対しても成立する。ボウルビィが唱えたように他の大人より既知感があり予測可能性も高いので，接近を維持する性質をもつようになるのだ。ゆえに子育ての失調（いわゆる虐待）の場合でも子どもはその養育者にアタッチメントをもつ。このことをめぐる決して単純ではない心情への理解のまなざしをもつことが重要である。

(4) 自己制御の発達の軸とは

　この軸の発達は単に「衝動を抑える」「欲求を我慢する」ようになるということではない。衝動や欲求をしっかりと対象に向け続けたり，社会的な規範や状況に合う形でそれらを満たしたり達成したりする**遂行力**のことである（滝川, 2018）。投手が狙ったところに投げこんだりキッカーが狙いすまして蹴りこんだりするときの「コントロール」と同じ意味での「制御」でもある。

生後すぐに始まる探索活動はまだ系統的ではないが，人とモノを分化して認識するにつれて**注意の向け方も分化**しはじめ，さらに大人と注目を共有できるようになるにつれて飛躍的に分化する。ランダムだった注意の向け方が，大人と共有しやすいものに対する注意集中が増えるというように制御されていく。つまり自己制御の発達も，認識の発達と関係の発達に支えられていくのである。

　四肢の運動もランダムで多動なものから，意思や意図をもったものとなっていくが，運動能力，なかでも**移動運動能力の獲得**にともない，子どもを危険から守るための**「禁止」**のメッセージを養育者から受けることになる。触れていいものといけないもの，行っていい場所といけない場所というような「秩序」に従うことも求められる。同じ時期に言語を獲得していくが，これも「決まりごと」の世界である。**共同体を生きる人類ならではの決まりごとのなかでの自己制御のふるまいを習得する「しつけ」**もこの時期から始まり，排泄自立や食事のマナーなど「慣習」や「文化」のなかで欲求を満たすことが求められる。

　このとき子どもが決まりごとのなかで達成したときに感じるのは「窮屈な欲求不満事態」などではなく，「自分でできた」「ひとりでできた」「ちゃんとできた」という**誇らしさをともなうもの**であることを認識しておきたい（排泄や着替えなど大いばりで報告に来たりする）。幼児のときのこの感覚はやがて無意識のものとなり，小学校中学年あたりからむしろ，校則などの決まりごとが窮屈なものに感じられ始めて反発したりする第二反抗期を迎える子どももいるが，他方で学校行事や部活動などをやり遂げて自分（たち）に誇りをもつ，私的なグループのなかで序列や決まりごとを作る，などの形で実は内面で生きて動いているものである。決まりごとのなかでの達成への誇らしさは，子どもには大きなモチベーションとなるものであることをよく覚えておくとよい。学級経営のカギにもなる。

　しかしやはりこの軸に沿った発達の力の弱い子どもが存在する。感覚や欲求を刺激した対象へと注意が移りやすく（不注意／注意保持の困難／転導性の高さ），それ以外目に入らない行動をとり（衝動性），結果として落ち着きのない（多動性）子どもたちで，ADHD（注意欠陥多動性障害／注意欠如多動症）と名づけられている。一般的に，小学校低学年時に離席が多かったりする「多動優勢型」の多動行動は高学年のころに落ち着きをみせるが，「言動はおとなしいが頭のなかでは注意を保つのが難しい」いわゆる「不注意優勢型」は低学年時には見逃

――――

第二反抗期

不注意
注意保持の困難
転導性の高さ

多動性
衝動性

注意欠陥多動性障害
注意欠如多動症
多動優勢型
不注意優勢型

されやすく，学習内容が高度化する高学年や中学校進学後になって初めて明らかになることもある。あらためて各教科の何年生ごろの内容まで理解できているかを確認し，つまずいた単元に立ち戻って個別の補充学習をするとよい。

(5) 発達の遅れをもたらす要因

以上の3つの軸の直行する空間で，各自のベクトルが合成された方向へと子どもたちは発達するのだが，心理援助を要するのは，発達に遅れをもち（一斉にスタートするのだから，相対的に脚力が弱く後れをとる個体が一定数いるのは自然なことである），ある軸について発達が遅れていたり，複数の軸にまたがって発達の遅れをみせていたり（3つの軸は相互に支え合うのだから自然なことである）することで，生活や学習に困難を覚える子どもである。相対的に遅れの大きい子どもを「障害」と名づけているのである。

その障害も，遅れていない軸があると単にアンバランスな性格のように誤解されてしまい，なかなか理解されにくい面をもつ。しかしそれらは裏を返せばその子どもの持ち味でもある。認識の軸だけ進んでいればたとえば「独創的な」子ども，関係の軸ならば「雰囲気を作る」子ども，自己制御の軸ならば「没頭する力がある」子どもというようなことになる。そのように捉え返して持ち味を認め，発揮できる場が確保できるとよい。

次節では本節の図式を基に，具体的に目の前の子どもが様々な領域で発達的に遅れた状態にあるときにどのような要因が考えられ，どのような課題をもち，どう援助していくとよいのか，見ていくこととする。遅れをもたらす要因には様々あるが，主なものとして基本的には次ページの表3-1のものが挙げられる。次節でふれる各領域もこの5つに沿って見ていく。

表中の④と⑤はどの領域の発達の場合も基本的な援助の発想は表内の事項が共通のものとなるので，特段の事項がある場合以外は次節では省略する。②の外部機関との連携も基本的には同様である。これらはかつての「育児は地域社会で」が「各家庭個別に」に変化した結果でもある。他方で③については第3節で発達課題の理論を学ぶなかで援助の発想も学んでいくこととする。①の内容は多岐にわたり，本書の紙幅を大きく超える。最低限の事項は次節に記したが，これを糸口に専門書や専門家による学びの機会をぜひ得てほしい。

◖表 3-1　発達の遅れをもたらす要因の主なもの

①子どもの側の（自然な）「脚力の弱さ」	これを「知的障害」や「発達障害」とよんでいる。専門的な援助が有効だが，学校や家庭などが連携して行う援助や配慮しだいで，その後の発達が大きく左右される。教師の果たす役割は大きい。
②養育者側の個人的要因（病気，無関心，不和，暴力など）	発達とは相互的な作用で進むので，子どもに「脚力」があっても養育者からの適切な養育が手薄だと結果として遅れをとる。特に暴力やネグレクトなどで①と酷似の遅れをとる子どももいる。養育者側の要因だが，責めても始まらない。福祉や行政あるいは医療などの外部機関と連携しつつ養育環境を支えたり調整したりするとよい。
③定型発達なのだが特定の発達段階の発達課題が未達成であるという要因	発達の3つの軸で目立つ遅れはないのに，いくつかの場面や状況で反復する課題を抱えている子どもたちがいる。特定の発達段階の発達課題の未達成に起因することが多い。いくつかの理論をものさしにしつつ，未達成部分を探り当て，そこから「育て直す」ことになる。
④養育環境の社会的・経済的要因	格差社会が進行し，養育への経済的・時間的・体力的・精神的余裕のない養育者も増えた。発達が促進されないのも無理なく，②と同様に教育のあり方や教師の指導力の問題とは独立であり，養育者個人に帰せられることでもなく，社会全体が取り組むべき問題である。援助の軸となる福祉や行政につなぐことになる。
⑤文化的要因	グローバル化が進み，様々な文化的背景をもつ家庭が増加，地域での齟齬や孤立などから，発達に必要な刺激や共有体験がなかなか得られない子どももいる。やはり社会全体で家庭を支えるべき課題である。自治体に多文化共生支援機関（交流センターなど）があれば家庭全体をそこに紹介するとよい。そうでなくても「学校だけは楽しい」「クラスにだけは居場所がある」となる可塑性を子どもはもっているので，教師の取り組み次第で発達の契機となる。また頑張って適応する姿がクラスを刺激したり我々にない感性や発想を示してくれたりもする。今後の教育が挑戦していく創造的課題である。

　ひとりの子どもに複数の要因が重なっていることも多い。ひとつと決めつけず丁寧に全体像をほぐして理解しつつ，一つひとつに手当てをしたい。

2. 様々な領域での発達の遅れと心理援助

(1) 愛着の発達をめぐる遅れと援助

　まず，発達の軸それぞれに近接している領域から見ていこう。
　関係の発達の軸において基盤となるのは，前節(3)で見たようにボウルビィが唱えたアタッチメント（愛着）の形成である。このことの本質が単なる生理的欲求の充足というよりもあたたかな身体接触にあるということは，ハーロウ（Harlow, H. F.）とメアーズ（Mears, C.）が行った「代理母」の実験で知るこ

ボウルビィ

アタッチメント（愛着）

ハーロウ

「代理母」の実験

とができる。生後間もない子ザルに針金製と柔らかい布製の2つの「代理母」を用意すると布製の代理母のところで長時間過ごした。針金製の代理母からだけミルクが出るようにしたが結果は同じだった。身体接触の重要性がわかる。

　そもそもボウルビィのアタッチメント研究には，第二次世界大戦後にWHOに依頼されて行った戦災孤児への調査が大きなインパクトとなっている。養育者を失い施設で成育した乳幼児はしばしば運動や言語の能力に遅れがあり，感情表現なども稀薄であった。この現象を**ホスピタリズム**（施設症）というが，ボウルビィはその要因のひとつは母性的養育が剥奪された状態（**マターナル・デプリベーション**：母性剥奪）にあるとし，保育者を増員して改善させた。

　愛着形成が進むために「完璧な養育」を意識する必要はなく，ウィニコット（Winnicott, D. W.）のいう**ほどよい**（good enough）養育がむしろよい。やがて乳児はおおよそ3か月前後で，あやすと微笑するようになる。相手への応答としての微笑であり，**社会的微笑**という。さらに8か月ごろになると，いわゆる**人見知り**をするようになる。愛着を形成した相手とそうでない人物とを区別するのである。これらが見られないとき，愛着発達において子どもの側の脚力が弱い可能性を考えることになるが，どちらも出現の時期や強弱に個人差があり，この段階で確たることは言えない場合も多い。

　愛着の質は子どもの**気質**や養育者の**養育態度**，あるいは両者の組み合わせによって様々なあり方をみせるが，これらを質的に分類する方法として**エインズワース**（Ainsworth, M. D. S.）らは**ストレンジ・シチュエーション法**という実験法を開発した。まず乳児と養育者を実験室という新奇な環境に導き入れ，養育者がその部屋を出ていく。そして見知らぬ人が入ってきて乳児と対面し，また出ていく。そして最後に養育者が戻ってくる。以上の各時点での乳児の反応を観察し，特に養育者との分離と再会における反応から類型化し，養育者のかかわりとの関係やその後の適応などとの関係が研究されてきた。現在では表3-2の4類型に分けられることが多い。ただし各類型と養育者のあり方や子どもの適応への影響は文化や状況によっても異なることが知られ，またこの方法で見出されたものが愛着の全てを表すとも言えないことには留意を要する。

　ともかくも分離という場面に愛着形成のその時点でのあり方が現れることは間違いなく，3歳ごろまでは子どもが適度な**分離不安**を覚えるのは養育関係の

● 表 3-2　ストレンジ・シチュエーション法によるアタッチメント（愛着）の類型

類型	説明
回避型	分離時に動揺を示さず，再会時に歓迎行動を示さず回避する。
安定型	分離時に多少の悲しみを示すが，再会時には積極的に身体接触を求め容易に静穏化する（安全基地となっている）。
葛藤型（アンビバレント型）	分離時に非常に強い不安や混乱を示し，再会時には身体接触を求めつつ激しくたたくなど両価的な面をみせる（安心していない）。
無秩序型	顔をそむけた状態で養育者に接触していたり，再会時に強く接近を求めた後に激しく回避したりと，両立しないような行動が見られ，ぎこちない動きやうつろな表情など感情などが読み取りづらい。

良好さを反映していると見てよい。その後養育者や保育環境から離れて通園，通学ができるようになるには，分離と再会の経験を繰り返しながら愛着対象の恒常性を体験し内面化していくことが必要である。

このような愛着形成をめぐる発達が遅れがちになる子どもには，主に先に見た表 3-1 の 5 つの要因が考えられる（他の領域にも同じ 5 つが考えられる）。

子どもの側の発達の力が弱い場合が，自閉症スペクトラムである。前節でみたように愛着ジレンマの状態にあるので，微妙に発する甘えの動きをキャッチし，侵入的でない間合いで接近の試みを重ねることで関係発達が進む。

養育者側に要因があり，極度に劣悪な養育下にあった場合に愛着障害と診断される子どもになることがある。大人に対してかかわりを起こさない反応性愛着障害と，誰にでも過度になれなれしくなる脱抑制型愛着障害（DSM-5 では「脱抑制型対人交流障害」として独立した）とがあるが，医学的に厳密にこれらの診断がつく割合は，重度のネグレクト下にあった子どもにおいても前者が 10％，後者が 20％，子ども全体では 1％にも達しない（山口・細金，2018）。**愛着障害という語の安易な濫用は避けたいところである。**

しかしこの語をしばしば使いたくなるような子どもの姿を目にすることがある。そもそも愛着形成の過程が完璧な育児などあり得ず，誰でもたたけばほこりは出てくるものなのだが，それでもやはり問題行動の背景に**愛着形成の阻害**や不十分さなどが想定できる子どもはやはり存在する。養育者自身がスキンシップなどから「**育て直し**」をするのが一番だが，できない場合もある。誰か大人が「安全基地」となることをめざす。親族でも近隣でもよいし施設職員や里親などでもよい。教師がその一部となる可能性もある。ただしこれは人生早期

自閉症スペクトラム
愛着ジレンマ

愛着障害
反応性愛着障害
脱抑制型愛着障害

安全基地

の基盤的な課題なので，子どもから大人への「**試し行動**」が収まらないことがあっても不思議ではなく，援助には根気を要すると心得ておくことである。

(2) 思考の発達をめぐる遅れと援助

認識の発達の軸で基盤となるのは乳児期からの自発的な探索活動である。その原動力は「均衡化」であるとピアジェ（Piajet, J.）は説いた。環境と自身との調和，バランスをとることであり，そのために環境から必要なものを自身に取りこむ「同化」や，逆に環境にあわせて自身を変える「調節」を行う。特に知性の発達では同化により，外界からの刺激を取り入れ，自分なりの「とらえ」「構図」というものをつくっていく。これをシェマと名づけたが，外界との関係次第ではシェマを作り直す，つまり調節を行う。こうして同化と調節を繰り返してシェマが発達していく過程をピアジェは表3-3のように示した。図3-2や図3-3の認識の発達はほぼこれに沿って進んでいく。

子どもの知的発達には従来，ある学習が成立するための心身の機能の成熟が

（欄外：均衡化　ピアジェ　同化　調節　シェマ）

◆表3-3　ピアジェによる知性の発達の4段階

	段階	説明
感覚運動期	感覚運動期 （0～2歳ごろ）	言語・意味・概念・論理以前の身体体験。対象の永続性（目に見えなくなっても存在する）のシェマ獲得。
前操作期 前概念的思考段階 象徴機能	前操作期 （2～7, 8歳ごろ）	【前概念的思考段階。2～4歳ごろ】 行為や事物を頭のなかの表象で捉えられるようになる。象徴機能の発達。言語発達。
直感的思考段階 自己中心性 アニミズム 相貌的知覚 実念論 リアリズム 人工論		【直感的思考段階。4～7, 8歳ごろ】 言語による認識的概念思考の開始。論理的操作は不十分で粘土の形を変えても量は変わらないというような「保存」概念は未獲得。他者視点からの見え方も未獲得（自己中心性という名称があくまで認知についての話で，性格などのことではない）。アニミズム（石などの物体も生きていると思う），相貌的知覚（物体などが自分に表情を向けていると感じる），実念論・リアリズム（思ったことは全て実在すると思う），人工論（自然物なども誰かが作ったと思う）などの特徴的思考。
具体的操作期 保存概念獲得 脱中心化 素朴概念	具体的操作期 （7, 8歳～11, 12歳ごろ）	具体的に理解できるものには論理的思考が発揮できるようになる。保存概念獲得。他者視点からの認知も可能に（脱中心化）。論理的思考の範囲は自身の具体的な生活体験や欲求に沿ったものであり，一般化，抽象化した論理には至らない。素朴概念（科学的概念と一致しないが日常経験を説明できる概念や理論。「動くのが動物，動かないのが植物」など）。
形式的操作期	形式的操作期 （11, 12歳ごろ～）	抽象的概念操作による論理的思考画像可能に。仮説的推論や理念的テーマ・普遍的テーマをめぐる思考や議論が可能になる。

時期はあくまで目安で，個人差はある。

整った状態（これをレディネスという）の自然な形成が、先だってなされていることが必要だとされてきた（成熟優位説）。しかし適切な教育でレディネスの形成を促進できると唱えたのがヴィゴツキー（Vygotsky, L. S.）である。子どもの知的発達の水準は2段階構成で、独力で問題を解決できる現在の水準と、他者からの援助や他者との共同作業があれば解決が可能な潜在的な水準とから成り立つとし、この2水準の差の間隔を発達の最近接領域と名づけた。2人の子どもが独力で8歳の知的水準の問題を解くことができるとして、ヒントや手がかりを与えれば1人は12歳の水準の問題が解けるが、もう1人は9歳の水準の問題まで解けるとき、前者の最近接領域は4歳分あり、後者は1歳分である。現在独力でできる水準が同じでも潜在的な伸びる力は異なっている。その程度を見極めて教育することでレディネス形成が促進されるのだ。

　子どもの側の発達に専ら注目したピアジェや成熟優位説と異なり、養育者や教師からのはたらきかけをともなう相互作用が発達を促すとするヴィゴツキーの視点は、思考の発達の脚力の弱い知的障害の子どもに対しても重要である。

　また、自閉症スペクトラムは「心の理論」（他人には他人の認識や思いがあるのだと認識すること。通常幼児期に獲得される能力で、相手の側の視点から物事を認識することができるようになる）の獲得が大きく遅れる特徴があるといわれる（通常学級在籍の自閉症スペクトラムの子どもの場合10代前半から中盤にかけて獲得されることが多いという印象を筆者はもっている）が、**関係発達の遅れにともない認識発達が脱中心化に到達するのも遅れるのだ**、とシンプルに理解することもできる。

　なお発達障害者支援法が2016年に改正され、発達障害児への個別教育支援計画・個別指導計画の作成（担任教諭が特別支援教育コーディネーターの助力を得て作成）と、福祉・医療機関などとの乳幼児期からの「切れ目のない支援」や就労支援などが求められている。**法制度を知り指導体制強化の後ろ盾として利用したい**（この法律は知的障害を範囲に含めていない。知的障害には従来から福祉制度などが整備されてきた一方、取り残されがちだった発達障害に焦点を絞ったのだ。知的障害にも個別指導が重要なのは言うまでもない）。

― 側注 ―
レディネス
成熟優位説
ヴィゴツキー
発達の最近接領域
心の理論
発達障害者支援法
個別教育支援計画
個別指導計画

●表 3-4　乳幼児期の言語発達

段階	説明
啼泣（新生児期）	不快状態への反射。アラームとして機能する。
クーイング （3〜4か月）	気分にあわせて一人で音声を楽しむ。養育者がこれを「思いの伝達」として受け取り、音声や言語で応答したりあやしたりする情動調律をすることにより次の発達へ。
バブリング （5〜6か月）	表現や伝達の意図を持った発声。喃語とも言う。養育者が音声や言語で応答したりあやしたりすることで次の発達へ。
指さし （8〜10か月）	養育者との共同注視（joint attention）などで関心を共有、養育者の言語での応答を受けて言語獲得へ。
初語（1歳ごろ）	認識の発達としての「指示性」と関係の発達としての「表出性」をともなう言語の始まり（喃語までは情動の共有のみ）。
1語文（呼称） （1歳半ごろ）	養育者との相互交流によって、社会的な約束事としての概念化や抽象化の機能を獲得。物の呼称から運動、状態、代名詞に。
2語文（文の段階） （2歳前ごろ）	語彙爆発の時期を経て物事のつながりを表現するようになる。本格的な「文」の登場だが、助詞はまだ潜在している。
文章の段階	助詞や接続詞を使い複数の文節や文を接続。時間的関係や因果関係など関係性を表現するようになる。

時期はあくまで目安で、個人差はある。

［欄外：クーイング／バブリング・喃語／指さし／初語／1語文／2語文］

(3) 言語の発達をめぐる遅れと援助

　関係の発達と認識の発達の双方がバランスよく相互の発達を推進し合うことで言語が順調に獲得されていく。表 3-4 のとおりだが時期に個人差はある。

　そしてヴィゴツキーが見出したように伝達手段としての外言と、思考の手段としての内言とに分化する。幼児期の分化途上では心中を独り言で話すなど伝達の意図をもたない発話があり、自己中心的言語というが、内言の前駆形態である。

［欄外：ヴィゴツキー／外言／内言／自己中心的言語］

　文法的にはここで完成であるが、実生活ではさらにもう一段階の発達を要する、「言葉の綾」とよばれるものである。比喩、婉曲、言外の意、反語、ジョークなど、文脈や関係性が織りこまれた言葉を私たちは日常かわしている。これを理解し用いられるようになるには社会的交流の実体験を重ねるしかない。

　言語の発達は、脳神経系や聴覚器官、発声器官などの発育と機能の発達を前提としているのだが、これらが揃っていたうえで、なおこの領域の発達の遅れをもたらす子ども側の要因には知的障害と自閉症スペクトラムとがある。

　知的障害の場合、語彙が少ない、助詞や接続詞の用い方が身につかない、促

音や拗音などの読み書きが身につかないなどが考えられるが，関係の発達はスムーズなので，教材を工夫するなどして個別指導をすることで伸びていく。

　他方でコミュニケーションの遅れを特徴のひとつとする自閉症スペクトラムにおいては，重度の自閉症では発語のない場合もあり，「言語発達上の遅れはない」といわれるアスペルガー障害の場合でも，あくまで「文法上」の遅れがないだけで最終段階の「言葉の綾」を読み取ったり用いたりするのに困難を覚える。言葉を文字どおりにしか受け取れないことから「指示されたことができない」「空気が読めない」「人の気持ちがわからない」「ひねくれている」などの誤解を受けることも多く，他方で「言葉遣いが生意気」「敬語を使わない」「一方的に自分の好きなことばかり話す」などの状況になってしまい，対人関係上のトラブルから暴れたりひきこもったりということもある。学校や学級の規則に字義どおりに固執したり，逆に「マイルール」でないと頑として動かなかったりする。

　このような場合まず，**本人の性格や親の育て方の問題などではない**と教師が認識して接することである。必要ならば本人と保護者との合意の下で専門家による診断やアセスメントを得ておくことが有用であろう。その子なりにユニークな持ち味はもっているので，教師がその味わいに親しみをもって接していけば，クラスメイトのかかわりも穏やかで和やかなものに変わってくるものである。長い年月を他者との共有体験の乏しいなか，孤独に認識を育んできた子どもなので即座に変化が見られるものでもないが，積み重ねは確実に後年に好影響として現れるし，逆に放置などに起因する被迫害経験は自暴自棄などの破壊的な結果につながるので，担任の根気強いかかわりの力は大きい。敬語が使えるくらいまでになると「マイルール」をあっさり捨てて，周囲とペースを共有するようになることもある。担任ひとりでは限界もあるので特別支援教育コーディネーターなどを介して様々な校内のスタッフや校外の専門機関と連携するのがよい。

　読字（ひいては書字）の発達の遅れるタイプのLD（ディスレクシアという）は学年が進み文字情報でのコミュニケーションが増えてくるとついていけなさを感じ，聞いたり話したりすることの発達にもブレーキがかかる場合がある。学級の活動などでは文字情報を読み上げて確認するなどして補助したい。

　他方で子どもの側に言語発達の脚力があっても，保護者の側が発声をメッセージとして共有したり，情動調律したり，指差しに応答したりということがな

ディスレクシア

いと，言語の発達は遅れる。情報通信機器が発達しインターネットやソーシャルネットワークサービス（SNS）が気軽に用いられるようになった。乳児に通信機器を持たせておとなしくさせつつ，保護者もひとりで通信機器に熱中している事態も多い。できるだけ早い段階で**相互交流**へと目を向けさせたい。

なお，定型発達の子どもであっても，思春期は**言葉のトラブル**が増える時期である。感受性が急速に鋭敏になっていく割にはボキャブラリーがそれらを表現し分けられるほど育っていないので，限られた言葉に様々な気持ちを詰めこんで用いるからであり，ある意味で自然な経過でもある。ぶつかり合いから成長していくこともあるので，教師としては必要があれば介入するが，基本的にはダメージが大きくなりすぎないことや一方的な加害被害関係（これはいじめである）になっていないかだけに留意して，よく観察しておくことである。高校生ごろからボキャブラリーが追いついてきて，語り合うことが楽しくなる。

この局面でもSNSの影響は重大で，教師や保護者の全く目の届かないところでトラブルやいじめが深刻化することがある。幸い，**安全な使い方の講習**も民間事業者などが提供している。これらを利用して小学生の段階で子どもたちに受講させておくのもよいであろう。

(4) 自己概念の発達をめぐる遅れと援助

自己という感覚も新生児期から養育者との関係のなかで育つ。泣くことで養育者によって不快が除去され「訴えて，獲得する」という**能動性**が芽生え「獲得できた」という**効力感**を得る。身体管理的なマザリングが安心感や信頼感など**関係発達の土台**を形成し，世話をされることで身体感覚が分化し**認識発達の土台**ともなる。言語獲得以前から自己という感覚は育ち始め，自発的探索などの動機づけにもなっていく。

能動性が増すと，**自己制御の発達の軸**では欲求や行動をコントロールしつつめざすものを実現する力が育つなかで，「自分でやる」「自分の思うようにやる」「拒否する」などの言動が現れ，いわゆる「イヤイヤ期」「我が出る」という「**第一反抗期**」を迎える。能動性，主体性が真に自分のものとなっていくのに欠かせない時期であり，「**自我**」の芽生えであり，これが希薄であるときその後の発達に注意を要する場合がある。

第一反抗期

●表3-5　分化して育っていく自己に関する感情・感覚

感情・感覚	説明
自己有用感（自己有能感）（コンピテンシー）	周りの事態に思ったように対応できた体験を重ねることで育つ。「もっとできるようになりたい」という達成動機につながり，内発的動機づけによる育ちや学びにつながっていく。
自己効力感（セルフ・エフィカシー）	バンデューラ（Bandura, A.）が唱えた。達成を内的に自己評価でき，「ここまではちゃんとできるだろう」という「遂行可能性」や「効力期待」を感じられる状態。
自尊感情（自尊心）（セルフ・エスティーム）	他人との比較ではなく自分が自身を評価して，「価値がある」「自分はこれでよい」と感じられること。安心感や充足感をともなう関係の体験を重ねることで育つ。

〔欄外〕自己有用感／自己有能感／コンピテンシー／達成動機／内発的動機づけ／自己効力感／セルフ・エフィカシー／自尊感情（自尊心）／セルフ・エスティーム

●表3-6　思春期・青年期に特有の心性とされるもの

心性	説明
第二の誕生	ルソー（Rousseau, J. J.）が唱えた。第一の誕生が「人」として「存在する」ためであるのに対し，「性」を「生きるため」の誕生だとする。
自我の発見	ルソーの「第二の誕生」を承けてシュプランガー（Spranger, E.）が唱えた。自分自身に意識を向けるようになる現象。
境界人	レヴィン（Lewin, K. Z.）が唱えた。子どもと大人の中間に位置していることから。過敏，自意識過剰，劣等感，不安などの特徴をもつ。
疾風怒濤	ゲーテ（Goethe, J. W.）の文学表現をホール（Hall, G. S.）が心理学用語とした。大きな感情の変動を体験し，翻弄されかねないこともある。
心理的離乳	ホリングワース（Hollingworth, L. S.）が唱えた。親との依存関係から脱却して自らの判断で行動し，家族の監督から心理的に独立する。

〔欄外〕第二の誕生／ルソー／自我の発見／シュプランガー／境界人／レヴィン／疾風怒濤／ゲーテ／ホール／心理的離乳／ホリングワース

　こうして生活を通して様々な経験を重ねながら表3-5のような自己に対する感情などが育っていく。

　その後，認識の発達により「脱中心化」を経ることでメタ認知の能力が発達し，小学校高学年ごろには，「私はなぜ他の人ではなく私なのか」「なぜ他の国や時代ではない，今ここに産まれたのか」というような問いが生じることがある。自我体験といわれるもので，誰もが明瞭に体験するわけではない，時に不思議な感覚であるが，正常な発達の一部であり心配するようなものではない。

　さらに思春期に至ると表3-6のような心性を体験する子どもが多い。

　様々な刺激によって新たな自己を何度も体験する子どももいる。境界とは「異界」への出入り口でもあり，全く新しい世界を体験したり，人の心や人の世が新しく見えてきたりする経験から，大きく揺れ動きながら成長する者もいる。心理的離乳も単線的にスムーズに行くとは限らないのが通常の姿である。20

〔欄外〕脱中心化／メタ認知／自我体験

青年期平穏説　世紀末ごろには，前の時代の「学生運動」が沈静化したこともあり「青年期平穏説」が唱えられ，調査研究が測定したデータもこれを支持した。実生活での対人関係が「優しく」「差しさわりなく」「相手の内面に踏みこまなく」なった面もあり，第二反抗期がない場合も多数になった。しかし現代の青年が好む音楽やアニメなどを見渡すと，個々人の内面で生じている事態はむしろ複雑さや微妙さを増しているようにも見える。インターネット上に目を転ずれば若者のものと思われる発信のなかに，思いに翻弄されるさまがむしろむき出しになっているようにも見える。一斉調査の結果を平均した数値としては検出されない心情が，発信へのハードルの低いSNSなどの場に露出していても不思議はない。

　このように個人内での動揺や個人間での衝突なども生じがちな時期ではあるが，これらは成長のきっかけともなる（全員が経験しないといけないものでもない）ので，教師としては，「ダメージが過大になっていないか」「事態が一方的なものになっていないか（なっていればいじめである）」だけに留意して，表情などをよく観察し，基本的には大きく構えておくのがよい。

自己概念　自己構造　一致　こうしてロジャーズのいう「自己概念」を形成しながら発達し，自己概念から構成される「自己構造」ができ上がっていく。この自己構造と経験との「一致」の程度が適応を左右すると，すでに1章で学んだ。

　他方で自閉症スペクトラムの子どもたちの場合，以上のような自己という感覚の発達の過程が他者からは見えにくいことがある。人に関心がなさそうに見えたり，逆に一方的にかかわりすぎたり，ぎこちなかったりするためである。第一反抗期がなく親を困らせなかった子どもだったりもする。しかしお気に入りのコレクションや物事の手順などへのこだわりは彼らなりに**自分の世界を保持発展させる試み**である。ひとりで孤独に認識世界を発展させてきた彼らが，その後対人希求性が発達してきて，その独自の世界を一方的に披歴することで奇異の視線を浴びることもある。教師としてはそれぞれの自己感，自己イメージを脅かさぬよう接近し，何らかにユニークに感じられる点を見つけて共有し，関係性の発達にいざなうことだが，拙速はとにかく禁物であり（心を閉ざしてしまう）不意に侵入せず彼らの求める間合いにまずは寄り添うことである。

●表3-7　ピアジェによる乳幼児期の遊びの発達（砂場での例）

段階	説明
練習遊び（感覚運動的遊び） （乳児期〜）	砂場の砂を小さなスコップですくってはサラサラとこぼして，その感覚を楽しむ。
象徴遊び（象徴的遊び） （2歳ごろ〜）	砂を盛り上げて「山」に，カップに盛って「ご飯」に見立てる，「ふり遊び」。
ルール遊び（規則遊び） （7歳ごろ〜）	砂の山に棒を立てて交互に砂を取り合って，棒を倒した方が負け，のようなルールを用いて遊ぶ。

時期はあくまで目安。

練習遊び
象徴遊び
ルール遊び

●表3-8　パーテンによる乳幼児期の遊びの発達（砂場での例）

段階	説明
ひとり遊び（2歳ごろ〜）	砂場で誰ともかかわらずに，ひとりで砂を盛り上げることに熱中する。
平行遊び（2〜3歳ごろ〜）	砂場で何人かの子どもたちがとなり合って，それぞれが自分の山をつくっている。
連合遊び（3〜4歳ごろ〜）	道具を貸し借りしてひとつの山づくりに複数人がかかわっているが，分担や組織化という意識はない。
共同遊び（5歳ごろ〜）	山を作るという共通目的のための役割分担や組織化が見られる。

時期はあくまで目安。

ひとり遊び
平行遊び
連合遊び
共同遊び

(5) 遊びと仲間関係の発達をめぐる遅れと援助

　子どもの発達を総合的に促すのは何といっても遊ぶことである。表3-7はピアジェが，表3-8はパーテン（Parten, M. B.）が見出した発達過程である。

　小学校低学年までは遊ぶ友達が一定しないことも多いが，学年が進むにつれて同じメンバーで遊ぶことが増え，一定のグループで行動することが多くなる。発達心理学ではこの時期をギャングエイジとしてきたが，子どもの遊ぶ環境や手段の変容（電子ゲーム機など），放課後の多忙さなどからかつてのような姿は見られにくい。しかし学童保育などで同年代の子どもが多数集まると「秘密基地ごっこ」が始まるなど，潜在していたものが発動する。

　この時期以降の仲間関係は表3-9のように発達する。

　チャム・グループでは時に均質性と排他性とが過度になり，(3)でみた言語発達上の特性も加わりトラブルからいじめにつながることもあるので観察が必要である。一方，適度な範囲であれば同性同士のグループでのふざけ合いやペア

ピアジェ
パーテン

ギャングエイジ

● 表 3-9　仲間関係の発達（保坂，2010 を元に加筆）

	段階	説明
ギャング・グループ	ギャング・グループ（小学校中学年あたり）	同一行動による一体感が重要。大人の目を盗んで禁じられた行動をし，それを仲間内で承認することで自立へと踏み出す。現代ではネットゲームなどにヴァーチャルな形で反映されている。
チャム・グループ	チャム・グループ（小学校高学年から中学生あたり）	言語による一体感が重要で，会話の内容よりもお互いの共通性の確認自体が目的。興味関心を共にする「親友」をもち，数名のグループや特定のペアで行動したりふざけ合ったりする。
ピア・グループ	ピア・グループ（高校生から大学生あたり）	言語発達や認識の発達から，互いの価値観，理想，将来などを語り合えるようになる。立場や意見の異なる者と異質性をぶつけ合って自己を確かにし，相違を乗り越え互いを尊重するに至る。

時期はあくまで目安。

行動などは「必修科目」であるともいえる。ここでも SNS が大きく影響し，見えないところで思わぬトラブルとなる。やはり教育が必要である。

　このように仲間関係は発達していくが，発達への脚力が弱い子どもは様々な困難に直面することとなる。

　認識の発達は遅いが関係性は発達している子どもの場合，一見仲間と一緒に楽しく遊んでいるように見え，運動を中心とした遊びなどでは楽しめていることが多いが，象徴やイメージ，ファンタジーを用いた遊びになると理解が追いつかずに内心で**孤独**を感じていることがある。このことを理解し，場合によっては彼らが理解できる遊びを教師も共に楽しむのもよい。

　自閉症スペクトラムの子どもたちのなかには仲間や友人を一見求めず一人遊びを好んでいるように見える子どもがいるが，対人希求性は潜在しているだけである。学校の文化はともすると「一人でいることはよくないこと」が基調となり，彼らへの**無理解や迫害**につながる（定型発達の子どもにおいてもこの学校文化が「いじめ」の遠因や正当化論理になってしまうことがある）。侵襲的にならないことが大原則だが教師が彼らの世界を承認し，共有できるならば後年の発達にプラスに作用する。他方で不器用ながらも対人希求性を発揮するまでに発達した子どもは場が読めなかったり波長が合わなかったりして**排斥**されることがある。やはりまず教師がその子どもの孤独を理解し保護し，持ち味に親しみを示すところからである。

　ADHD の場合，注意を引いた事物にすぐに目が転じ，それ以外は見えなくなってしまう認知特性から，結果として「遊具の横取り」「並び順抜かし」な

どをしたとして「意地悪」「ずるい」とされることがある。まずは本人が落ち着くことができる状況にして（場を移すなど）から，出来事の全体をゆっくり認識させる。**気持ちや行動のコントロールに自分自身でも不安をもつ子どもは多いので**，少しずつでよいと保証してスモールステップですすめる。周囲の子どもたちの理解を得るとよい場合もあるが，何をどの程度説明するかについては，保護者や本人とよく検討し合意してから行うのが鉄則である。

LDの子どものなかには，掲示物などから他の子どもが自然に得ている**文字情報による**ルールやスケジュールが得られていない場合があり，仲間関係の阻害要因となることがある。ルールやスケジュール，その他学校生活のなかでトラブルの種になりそうな事項についてはあらかじめ話して伝えておくことができるとよいが，事前に十分に行えるとは限らない。あらかじめこの子どもがLDであるとわかっており，どの機能領域がどの程度苦手なのかわかっていればよいが，そうとも限らない。だがトラブルの事後指導で落ち着いて説明することで理解が進むことがある。その機会などに専門家によるアセスメントを受けることができ，得意な領域と苦手な領域を知ったうえで，それを補う形で指導ができるにこしたことはない。このような「合理的配慮」は2016年制定の障害者差別解消法に基づいて今後，LDに限らず様々な苦手領域や困難のある発達障害，あるいは知的障害や身体障害のある子どもに対して求められていく。**法制度をも根拠としつつ誰もが等しく学校生活を享受するようにしたい。**

他方で保護者が遊びや仲間関係を阻害してしまうことがある。元来子どもの**関係修復能力は非常に高く**，年齢が低いほど目を見張るものがある（幼児期など1年間に何10回も「絶交」する「おともだち」がいたりする）のだが，自分自身が大きく傷ついてしまう保護者が，相手の子どもへの見解を我が子に押しつけたり，時には関係を断たせてしまったりすることがある。できる限り子どもが自然に発揮する関係修復能力が活きるように見守り合う大人集団でいたい。**学年始めに保護者に方針を説明し**，理解を得ておくことができるとよい。

言語発達の項でも指摘したが，情報通信機器への熱中などから乳幼児と養育者との相互交流の乏しさが見られるようになり，遊びや対人関係の発達に今後影響することが考えらえる。**養育者の意識の喚起が必要となるところである。**

他方で家庭の社会的・経済的条件から周囲の子どもと共有できる遊びの経験

合理的配慮

障害者差別解消法

が少なく，引け目を感じてしまう子どももいる。学級に地域の高齢者を招いて**昔の遊びをみんなで一緒にする**などの取り組みで接点をつくることができる。

文化的背景が周囲と異なっていることから仲間に入りにくかったり一緒に遊んだりしづらい子どももいる。子どもたち同士で自発的に解決する場合もあるが，学級行事などでつながりをつくったり，背景にある文化を教えてもらう機会をつくったりして**仲間関係を促進する**役割を学級が果たすことができる。

(6) 道徳性の発達をめぐる遅れと援助

子どもは発達にしたがって対人経験を重ね，集団における規範的なふるまい，つまり道徳性を段階的に獲得するといわれてきた。

ピアジェ　代表的なモデルのひとつがピアジェによるもので，表3-10に示した。これ
コールバーグ　をうけてコールバーグ（Kohlberg, L.）が発展させたモデルが表3-11のものである。実際にはこの順序となるとは限らず，段階が重なり合ったり，とんだり，ある段階にとどまっていたりする。ものさしとして参考にするとよい。

子どもの側の発達の脚力が要因でこれらの発達が順調でないときにも，いく

●表 3-10　ピアジェによる道徳性の発達

	段階	説明
自己中心性	自己中心性 (5, 6歳ごろまで)	規則について理解していない。事態や物体は自分の快，不快などとの関係で捉え，自分のものと他者のものとの区別も曖昧。
他律的道徳	他律的道徳 (9, 10歳ごろまで)	規則は権威が定めた不変のもので絶対服従。償いとしての懲罰は厳格，応報的正義を価値とする。善悪は行為の結果で判断。
自律的道徳	自律的道徳 (10歳ごろから)	適正な手続きと合意で規則は変更可能。償いは相互的で，平等主義的正義。行為の背後にある意図によって善悪を判断。

時期はあくまで目安で，個人差はある。

●表 3-11　コールバーグによる道徳性の発達

	段階	説明
前慣習的水準	前慣習的水準	①罰と服従への志向：罰を避け，力ある者に服従することが善。 ②報酬と取引への志向：報酬や返礼が手に入る手段を行うことが善。
慣習的水準	慣習的水準	③対人的同調への志向：他者の期待にこたえ，承認されることが善。 ④法と秩序への志向：既存の社会秩序を維持する行動が善。
後慣習的水準	後慣習的水準	⑤社会的契約への志向：個人の権利や公平さの実現が善。 ⑥普遍的倫理への志向：自己の良心と人間の尊厳の普遍的実現が善。

つかの場合が考えられる。

　まず，認識の発達が遅れる場合である。通常学級で学ぶ方がよいか，特別支援学級の方がよいか迷うくらいの程度の子どもを「境界知能」ということがある。このような子どもは，ある程度までの理解力はあるが，あくまである程度であり，他方で人懐っこいところがあるのを悪用されて，万引きなどの非行の実行犯にさせられたり，性風俗の仕事などにはまってしまったりすることがある。行為の指導も重要であるが，そもそもその子どもが物事を**どう理解してふるまったのか**，こちらがつかんだうえで指導の目的を理解させないと，非行を繰り返してしまうことがある。

　自閉症スペクトラムの子どもの場合，独自の関心で行動することを「わがまま」「協調性がない」「自分勝手な性格」と誤解されたり，相手との関係性にそって言語を用いる機能の発達の遅れを「生意気なことを言う」「言葉遣いがなっていない」と非難されたりすることがある。ここまで見てきたように，あくまでも関係発達の部分的な遅れからのことであり，**悪意であるとか性格の問題だとかで片づけない**ことである。排斥から守り，望ましいことがすぐにできなくてもよいので，その都度できるようになってほしい内容を**ただ示すことだけ**をしていくと，何年か後にいつの間にかできるようになっていることがある。道徳的叱責で即座に直させようとすると自己に絶望し自暴自棄になってしまう危険性が高い。根気が重要となる。

　ADHDの子どもの場合は遊びのところでみたように「自分勝手」「乱暴」と誤解されることがあるが，**落ち着かせてから状況を整理する**ことの反復で自己制御の力が発達する。やはり根気が必要で，叱責の無効性や破壊性は自閉症スペクトラムと同様である。LDの子どももやはり遊びのところでみたように「ルールや規則を守らない」と非難されることがあるが，他の子どもが文字から得ている情報が入っていないからではないかと考えてみる必要がある。

　ともかく発達の遅れによる場合，何らかに共有体験の乏しい孤独を積み重ねてきているので，教師が落ち着いて親和的につながることである。これまでに困った体験をしてきたことはどこかにあるはずなので，そこを理解する対話ができるとよい。感情の手当てをしたうえで，状況をかみ砕いて認識させて，何をするとどうまずいのかに目を向けさせて，ではどうするとよいのかを共に考

境界知能

える。こうして道徳性を獲得していく。トラブルがあったときはこれを行うチャンスであるともいえる。うまくできたらすかさず評価することである。

　家庭が社会的・経済的に余裕がないとき，なかなか子どもにかまってやれず，道徳性の獲得に遅れがあるのも無理はないことがある。家族を責めても全く生産的ではなく，**学校で育てる**くらいの気持ちで構える方がよい。

　家庭の文化が独特の道徳律を有している場合はなかなか困難であるが，子どもの方が柔軟なので，学校で自ら学び身につけていくこともある。なかなか習慣化しないことも多いが，蒔いた種がいつ芽を吹くかわからない。せめてそれだけでもしておくことであろう。

　多文化社会になっていくので，規範・慣習・価値観などを異にする家族と共に生きる社会に，今後ますますなっていくであろう。そのような家族を背景とする子どもたちと，共に学び生活する学級や学校をどのように動かしていくのか，子どもたちの共生をどのように促していくのか。異文化のなかで頑張る姿が私たちを刺激してくれることもある。私たちの文化にはない質の能力や可能性が引き出され活かされることもある。これからの教育が取り組んでいく**クリエイティブな課題**であると捉えて取り組んでほしい。

3. 発達課題の理論による理解と援助

(1) エリクソンのライフサイクル論

　表3-1で発達の遅れをもたらす要因の主なものを5つ挙げたが，そのなかの③に示した「定型発達なのだが特定の発達段階の発達課題が未達成である」子どもへの理解と援助について，本節で見ていく。発達の3つの軸で目立つ遅れはないが，特定の場面や状況で同じようなトラブルや問題行動を繰り返す子どもをどう理解し，援助するかである。

　小学校1年生のA君がB君を「意地悪だ」という。B君はA君を「自分勝手だ」という。話を聴くとサッカーをしていたらしい。でもA君がしたかったのはサッカーのアニメの主人公になりきって想像力を駆使するサッカーごっこをすることだった。他方でB君はルールの枠内で技量を発揮して勝敗を争

うサッカー競技がしたかった。ルールを盾にしてやりたいようにさせてくれないB君は，A君にとって「意地悪」だ。ルールを無視してやりたいようにしたがるA君は，B君にとって「自分勝手」だ。どちらが悪いのでもない。発達段階がズレており，取り組んでいる発達課題が異なっているのである。

このようなズレが同じ学級の子どもたちの間にあってトラブルになるようなことがある。ことの本質をつかんでおけば，お互いの成長への機会となる。

人間は年代に沿って段階状に発達し，各発達段階に達成すべき発達課題があり，うまく達成できないとその後の発達課題の達成に困難が及ぶという体系を示した代表者には教育学者ハヴィガースト（Havighurst, R. J.）がいるが，発達課題の内容については何回か改訂を加えている。20世紀半ばから後半にかけてのことであり，時代による社会変化の影響を受けるのは自然なことである。さらに変化の進んだ現代にその内容が適合しないことも多い。

トラブルや問題行動などの背景を見立てて援助していくには，1章のパーソナリティ理論で紹介した力動論による発達段階論が役に立つが，事情は同様で，時代を越えて通用する部分と，時代の影響を大きく被る部分とがある。力動論による発達段階論の代表ともいえる，エリクソン（Erikson, E. H.）によるライフサイクル論は人生全体を8つの発達段階で捉えており，前半の4段階（学校教育に大きくかかわってくる年代である）は大枠で現代でも通用するが，後半の4段階については捉え直しも必要となっている。その様子を見ていこう。

まず前半の4段階について，発達課題の名称（達成した状態と，達成されなかった状態とが一対の語で表現されている）と内容（ここまでがエリクソンの唱えた理論である）と，未達成時の影響，およびその場合の援助の発想やアイデア（この2つはエリクソンを基にした筆者の考えであり，あくまで発想のひとつである。各自で発想をひろげてほしい）をあわせて表3-12に示した。なお各段階の呼称は文献によって何とおりかある。覚えておくとよいもののみ記した。

重要なのは，未達成の課題は後から取り返しがきくということである。発達段階をやり直すわけである。子どものもつ成長力がそれを発動させるのだが，学級担任などの教師を前にした途端にいきなり発動してしまうことがある。年齢不相応な幼い言動が，時には理不尽なまでに繰り返されるとき，自分を相手にやり直しをしているのだと理解すると落ち着いて対応できる。

発達段階
発達課題

ハヴィガースト

エリクソン
ライフサイクル論

●表 3-12 エリクソンのライフサイクル論をめぐって（前半）

	時期と発達課題	発達段階の内容	未達成の場合に後に及ぼす影響	援助の発想やアイデア
基本的信頼 対 不信	乳児期 （0歳～1歳ごろ） 基本的信頼 対 不信 はぐくむ養育者との関係が重要。	自分の欲求に養育者が適切に応答することで、養育者への安心感をもつ。それを基に自分という存在への安心感、周囲の世界や他者への安心感、信頼感をもつ。 不信：「周囲や自分に安心しきれない」。	愛情を確かめずにいられないことから、依存的な行動を繰り返す（登園渋り、登校渋り、教師への試しや揺さぶり、タバコなど、万引きなど、自傷行為など）。 家族的な非行グループへの深入り。 「温もりがほしい」ための性愛。	思春期初期までは養育者のスキンシップを中心とした「育て直し」「甘えからのやり直し」が効く場合あり。家庭が力不足の場合、福祉や行政などにつないで安定させる。 それ以降の時期は限界をわきまえたうえで、「関心」、「あたたかさ」、「見捨てない」を補給し続ける。
自律性 対 恥と疑惑	幼児前期（幼児期初期） （1歳ごろ～3歳ごろ） 自律性 対 恥と疑惑 しつける養育者との関係が重要。	身辺自立。 場面と場所をわきまえた、ふさわしい言動。 規範や秩序や禁止などを守ることは「自分でできた」「ひとりでできた」という誇り（不満ではない）。 自分の後始末ができる。 恥：「うまくできずに恥ずかしい」。 疑惑：「できない奴だと思われるのではないか」。	自分の後始末ができない。 自分の行動に責任がともなうイメージができない。 秩序をつくる、保つことができない。 禁止や制限を守れない。 禁止や制限に欲求不満をもちやすい。 高圧的なしつけは、萎縮や緊張、無力感を子どもにもたらす。逆に粗暴やキレやすさをもたらすこともある（養育者の態度を取り入れている）。	この課題が未達成の子どもがいることは、十分織りこみずみにし、育て直し課題として備えておく。 「叱責」「禁止」は「愛されてない」ではないことの体験を粘り強く重ねていく。時には「壁になる」ことも重要。 失敗体験の機会を奪わない。（失敗しても見捨てられない体験）（リトライへと励まされる体験）。 同時に不動の、消えてしまわない、あたたかなまなざしの供給。 達成時にはきちんと認める。
自主性（自発性，積極性）対 罪悪感	幼児後期（幼児期・遊戯期） （3歳ごろ～6歳ごろ） 自主性（自発性，積極性）対 罪悪感 基本家族（共に暮らす家族）、近隣との関係が重要となる。	「役割」というものを知り、ごっこ遊びをするようになる。 自分のしたい役割を主張できる。 主張と主張の衝突を解決できる。 罪悪感：「やりすぎてしまった」。 逆に「うまく主張して、役割が取れる自信がない」と引っこみ思案になる子どもも。	元気がない、主張できない。 意見を言わない、意見がない。 「シナリオ」「マニュアル」がないと動けない。 大人や同級生の顔色ばかり気にする。 争いごとを自分たちで解決できない。 本音が言えない。 あたりさわりのない関係に終始。 リーダーとメンバーからなるグループによる協働が、自発的に生じない。	（できるなら、小学校低学年までは「けんか」をある程度経験できるとよい）（ただし学年始めなどでの保護者への説明が重要となる）。 教育活動や学校生活のなかでぶつかり合いのあり得る経験をさせ、自己解決の機会をもたせる（やはり保護者への説明が必要となることがある）。 様々な「遊び」の機会をしかける。 グループ学習、係活動、部活動、行事などもこころの回復力、対人関係回復力養成の機会となり得る（安全を確保しつつ）。 この場合もしっかりと観察し、必要ならば助力を添える。

時期と発達課題	発達段階の内容	未達成の場合に後に及ぼす影響	援助の発想やアイデア
学童期（児童期） （6歳ごろ～第二次性徴） **勤勉性 対 劣等感** 学校や近隣での対人関係が重要となる。	「ごっこ」はファンタジーであり現実ではないことに気づく。 現実の世界（スポーツ，芸能，勉強など）で努力する方が本物の力がつくことに気づく。 ルールや法則がある方が，技量が結果につながり面白いことに気づく。 こつこつと反復継続することで力がついてくることが喜びとなる。 努力すればできるようになる実感。 劣等感：「どうせ自分には続かない」。	学業への「取り組めなさ」。 実技や習いごとなどへの「取り組めなさ」。 なげやり，無気力，無力感。 進路やキャリアへの展望が描けない。 努力が続かない。 能力はあるのに努力しない。 空想的な万能感にひたる世界で自己完結する。	教師にとっては今目の前にいる「教育のしがいのある」子ども。 「やってみせ」 「言って聞かせて（解いて聞かせて）」 「させてみて」 「認める（ほめる）」。 その体験の積み重ね。

時期には個人差がある。

またこれらの発達課題が未達成の場合の姿が，結果だけを見れば発達障害に似てくることがある。たとえば片づけができない子どもがいるが，ADHDゆえに苦手なのか，発達課題の未達成ゆえに後始末という感覚が育っていないのか。前者ならば具体的な補助が有益で叱責は酷である。後者ならば時に強い指導も交えつつ意味をわからせていくことになる。

姿が似ていて適した指導が異なるのだから見分けることが重要になり，専門家によるアセスメントがある方がよいこともあるが，さしあたりトラブルや問題行動などの直後に「ピンと来ているか」「悪びれているか」「状況を認識できているか」というところを見ておくとよい。発達障害の場合，これらの気持ちや認識が成立していないことが多い。子ども自身がそこまで育っていないからだ。他方で発達課題が未達成の場合，どこかで悪びれていたり良心の痛みや引け目を感じていたりするものである。問題行動を「状況をわからないがゆえにしてしまっていた」ならば発達障害，「状況がわかっているのにやってしまっている」ならば発達課題，と大まかにめどをつけるところから始めてよい。

さて後半の4段階は私たち教師や保護者の年代の発達段階にもさしかかるものであるが，様々に時代の影響を大きく受けている。まず各段階の終わりや始まりがエリクソンのころ（20世紀半ばである）のように明瞭ではなく，複数

の発達課題に並行して取り組むことになる。個々の発達課題の達成自体も時代の状況から困難が大きくなっている。どのように捉え取り組むとよいか、筆者なりの考えを添えて表 3-13 に示すがあくまでも筆者なりのものである。正解はない。各自が主体的に探りながら取り組むのが現代である。

　思春期はどこに入るのかと疑問に思うかもしれない。エリクソンの理論では思春期的課題、すなわち第二次性徴に始まる課題に取り組むのも青年期である（鑪, 2002）。思春期は青年期に含まれるわけだ。青年期が長いのが特徴である。

　このように見てくると、大人になることの難しい現代であり、また大人でいることも難しいことがわかる。科学文明の発達の成果でもあり、経済発展の結果でもあるので、痛しかゆしでもある。グローバル市場化の進展から格差社会

●表 3-13　エリクソンのライフサイクル論をめぐって（後半）

時期と発達課題	発達課題の内容	現代における発達課題の達成の困難と、捉え直しの発想やアイデア
青年期 （第二次性徴〜） **アイデンティティ（自我同一性）の確立 対 拡散** 仲間集団や外集団との関係が重要となる。	私はいろいろな道を通り、いろいろな面をもってきたが、全体としてはこのように統合されているという感覚。そのような者として社会に参与するという姿勢。それを手に入れるまでの長い道程をモラトリアムとよぶ。 拡散：「自分がよくわからない」「どういう者として社会に出ればよい？」。	情報の氾濫、価値観の多様化、疑似体験の機会や種類の増加により、いつまでにこれを選べばよいというラインを引くことがなかなかできない。 歳を重ねても、自分自身がこのように統合されていると断定しにくい。参照するための社会のありようがどんどん変化していくからである。「アラサー」「アラフォー」などとよばれる、繰り返される探り直しがあるのも自然である。 同一性を達成しないと前に進んではいけないと思ってしまうと社会に踏み出せない。 ともかく前に進みながら、誤解されながらでもいいから、自分なりの感触をたよりに進む。観念だけに終わらないように動いてみること、具体化してみること、交流をひろげ深めること。 「多層的な自我」「ネットワークとしての自我」と発想してみるのもよいかもしれない。
成人前期（初期成人期） （社会に出るころ〜） **親密性 対 孤独** 友人やパートナー候補となる人、仕事での同僚や関係者との関係が重要となる。	パートナーシップを得ること。 プライベートのパートナーシップは出会いの機会にも左右されるが、職場で同僚や関係先の人とパートナーシップを形成できること。 所を得て、互いに信頼をもつこと。 フェアな競争や協働による恋愛や社会参与。 孤独：「社会のなかに居場所がない」「社会からひきこもる」。	エリクソンのころ（20世紀半ば）はまず「自分」を確立し、確立した者同士で「恋愛」。しかし現代は異性への壁も低くなり、青年期の課題を抱えたまま自分探しの一環としての恋愛に。他方で「恋愛はコストがかかる」として特に求めない一群も。パートナーなのかそうでないのか不明瞭にも。 他方で中学生ごろからの、安定しない、肉体関係をともなう恋愛など。無理に出産、不安定な養育にとどまる保護者、親になりきれていない保護者もいる。 発達加速化（加速化自体は下限に達した）の結果、青年期の始まりが早くなり、終わりが見えない長期のものとなった結果であろう。 自分自身とも繰り返し向き合いながら、同時にパートナーシップを探っていく試行錯誤の時期と捉える。 未成熟な保護者には責めず根気強くかかわる。

（左側欄外）
アイデンティティ（自我同一性）の確立 対 拡散

モラトリアム

親密性 対 孤独

時期と発達課題	発達課題の内容	現代における発達課題の達成の困難と、捉え直しの発想やアイデア	
成人後期（成人期）（ある程度一人前になるころ〜） **生殖性（世代性）対 停滞** 家族との関係や部下などとの分担や共有の関係が重要となる。	自分たちに続く次の世代を産み育てること。プライベートでは家庭での育児（授かりものである）や、地域での子育て（こちらは誰でも機会が得られる）を通して生命と生き方の継承。仕事では部下などを育て、技術、価値、知恵などを継承する対話関係の構築。（教師はそもそも、次世代を育てる仕事である） 停滞：「今どきの若いもんはダメだ」「話が通じん」。	従来はある程度一人前になったうえで次世代を育成。しかし現代は技術の高度化、社会の複雑化、価値観の多様化が進展し続け、これだけのことが身につけば一人前、というラインを引くことができない。晩婚化も自然なことである。 青年期の終わりが見えにくく課題達成の完了が見えにくい現代的困難から、子どもを放置して「自分探し」をしている保護者もいる。 成人期初期の課題の未達成からパートナーとの関係が不安定だったり乱れていたりして養育状況を不安定にする保護者もいる。 そのようななか、「継承」がなされていかない。そういう意識のない保護者もいる（反社会、非社会的なことは不思議と継承される。社会とは創りつづけるものなのであろう）。 一人前になったはずの大人にも技術革新や社会の急速な変化が押し寄せ、ついていけず、古いままに固執したくなる。さりとて新しいものを取り入れようにも情報過多で選択が難しい。 誰かが決めた価値ではなく、自分自身が問い直し、引き継がせたい価値とは何か探り続け、世代を越えた対話を続けることであろう。 それは保護者においても同じであろう。	**生殖性（世代性）対 停滞**
老年期（〜死去まで） **統合 対 絶望** ひとりの人として、生きとし生けるものや世界観全体との関係が重要となる。	人生の終わりが見えてくる。生きてきた自分、生きることのできなかった自分を認識する。限界や衰えを感じ、あきらめを覚えるが、しかし達成したことがあるのも確認できる。それらをどうおさめ納得するか。 絶望：おさまり、納得を得ることができないとき。	そもそも何歳からが老年期なのか。今度は始まりがわかりにくい。個人差も大きい。 「いつまでも若く元気」であることばかりが価値づけられるが、諦めなども含みこんだ奥深い味わいあるお年寄りではいけないのか。 他方で医学の発達により、身体機能や脳機能が衰えてから生きる年月が長くなった辛さ。家族もまた辛い。どのように齢をとり、いかに死を迎えるか、やはり選択肢が増えた分、選択の難しさもある。 自分の生とは何だったのか、そもそも生とは何なのか、残る日々の中で自分と対話し、周囲とも対話を続けることであろう。	**統合 対 絶望**

各段階の終わりが見えにくいのが現代の特徴である。また、老年期は始まりがいつからなのかが見えにくい。

が生じ、貧困問題は目の前の子どもたちにも現れている。グローバル化への反動から、保護主義や閉鎖主義に走る諸国の政権もあり、先が見通しにくい。

けれどもそのような難しい時代なのだと腹をくくって生きてみようと思うことができれば、情報や選択肢にはあふれているので、ではどのように自分オリジナルの生き方を開発しようかとか、この社会問題にトライしてやろうとか考えられるので、面白い時代であるともいえる。

特に教師は世の中のあらゆる職業のなかでも、若いうちから特段に大きい裁

量権が与えられているものである。初任時から創意工夫を学級ですぐに試してみる自由があり，反応もすぐに子どもたちから返ってくる。そのような人生を謳歌する教師になっていく姿は，困難な現代を生きる子どもたちや保護者へのメッセージにもなるだろう。

(2) フロイトの発達論

見てきたようにエリクソンの理論は，対人関係や社会的役割を通して発達していくさまを描いている。

フロイト　このエリクソンの理論の源流はフロイトである。エリクソン自身，フロイトからの流れをくむ精神分析学者でもあったのだ。

フロイトは，このような発達を推し進めるエネルギーの流れや質の変化から発達段階論を唱えていた。1章で割愛した精神分析理論の発達論である。

精神分析理論
発達論
リビドー
フロイトが着眼した発達推進のエネルギーは**心身一如**ではたらくもので，リビドー，欲動などいくつかの呼称を試みており，特に「小児性欲」など「性」を用語の軸としたことで誤解や敬遠をまねくことがある。しかしフロイトが指した「性」とはたとえば赤ちゃんがなんでも口に入れるのを「口唇愛」「多型倒錯」と名づけたように，思い惹かれて心地よく愛しかかわること全てを包括した象徴的なものだと理解すればよい。

もう少し受けつけやすく「親密で温もりのあるかかわりを基盤に，周囲との親和的な結びつきや交流へと，生涯私たちを促す力」（滝川，2017）と言い換えてもいい。

実際子どもには発達上の各段階で，特に感覚が鋭敏になる身体部位がそれぞれある。その部位の機能が集中的に発達するので，子どもの関心やエネルギーも特にそこに向いていく。その部位で得られる感覚や機能自体もその段階で獲得すべき課題であるが，さらにその部位の感覚や機能に相応する「心的機能」の獲得も課題となる。**自己の活用の仕方，自己の内界の形成，周囲とのかかわり方**などである。それらを段階的に，その部位を用いて獲得していくことになる。そこで各発達段階を，その部位の名称でよぶこととしたのである。それを表3-14に示した。

各段階の時期をみればわかるように，エリクソンの理論の5段階目までと対応している。フロイトの理論を基に対人関係や社会的役割へと展開したのがエ

● 表 3-14 フロイトの発達論をめぐって

段階名	獲得される心的機能(カギカッコ内のキーワード)	未獲得などの場合に後に及ぼす影響	援助の発想やアイデア	
口唇期（0歳〜1歳ごろ）	胎内から産まれ出て「不安」「無力感」をまず感じる。 これを養育者が鎮めることで「安心感」を獲得する。「近づく」「ふれあう」「よりかかる」「もたれる」ことを安心感と結びつく心性として体得する。 安心感が得られそうで得られない経験を重ねると、それを求め続ける「依存的」な心性になったり、安心感を求めても得られない経験を重ねると、「悲観性」「寄る辺なさ」を主とした心性となったりする。 口を用いて外界から新しいものを取り入れる機能が発達し、それにともなって「食いつく」「飲みこむ」「取り入れる」「満たされる」「満足」ということが心的機能としても獲得される（「食いつきのいい子ども」「飲みこみのいい子ども」など）。中途半端な場合「なめてかかる」心性となる。 飲みこもうとして不快を感じたものに対しては、心的なもの（対象や相手や状況など）であっても「吐き出す」「受けつけない」態度をとる機能を獲得する。 ここまでに獲得した「ふれあって安心する」ことと「口から取り入れてたっぷりと味わって取り入れる」ということがあいまって、「甘える」という心的機能を獲得する。それが適度なものとなるか過度のものとなるかも、この時期にいったんある程度の傾向が定まる。一般的に十分充足すると適度に甘えられるパーソナリティとなる。充足できないと甘えられないパーソナリティとなる。次の肛門期の段階になっても全てを甘えで解決する育児を行うと過度に甘える子どもとなる。 怒りの感情は、「歯で噛み砕く」ように「対象の破壊」「消してしまいたい」くらいの激しいものとなる。	ふれあうことで気持ちを鎮めること、適度に頼って安心することがうまくいかない。 新しい物事に食いついて、咀嚼して、取り入れることがうまくいかない。 悲観、寄る辺なさ、無力感を抱きやすい。 逆に過度に甘える、何でも人の手を借りる。 新しい物事をなめてかかる。あるいははなから受けつけない。 怒りが発動すると相手を消し去りたくなるぐらいのものになる。	養育者による「育て直し」（エリクソンの箇所で示した内容と同じ）。 ただし「悪性退行」（ものの言い方や暴力などがひどくなる）は禁忌。歯止めをする。 思春期以降にやり直しが発動する時期あり。ある程度まではいろいろな人に甘えたり頼ったりして補う。 壁になる役目の大人と受け皿の役目の大人とが、甘えられない子どもにも、甘えが過ぎる子どもにも必要。 家庭と学校だけでは難しい場合、福祉など様々な関係機関の力も借りる。	口唇期
肛門期（1歳ごろ〜3歳ごろ）	筋肉の感覚や運動能力が分化し発達することで、心的にも「コントロール」「制御」ということが獲得すべき課題となる。トイレットトレーニングに代表されるしつけを通して「我慢」「ふさわしさの感覚」「判断」「意思」「遂行」などの心的機能を獲得する。 排便は「こなして」「出す」ことであり、与えられた課題などを「こなして」「結果を出す」心的機能を獲得する。 便は体内からつくり出したものであり養育者にほめてもらえるので「作品」であり、「クリエイト」する感覚もこの時に獲得する。 「制御」の心性が強まると、「几帳面」となり、さらにエスカレートすると「頑固」「ケチ」となる。 逆に「我慢」の心性をうまく獲得できないと、「ルーズ」「締まりが悪い」心性となり、「人に尻拭いをさせる」ようになる者もいる。 怒りの感情は、「対象を汚す」「秩序を乱す」形をとり、口唇期ほど破壊的ではなくなる。	自己コントロールの感覚が弱い。 「すべきときと所」と「していけないときと所」の判断がつけられない。 秩序や決まりごとを共有できない。 課題などをこなして出すことができない。 創造性、意思、相応しさ、我慢強さ、などが育っていない。 ルーズ、締まりが悪い、他人に尻拭いをさせる。 逆に、几帳面が行き過ぎ、頑固、ケチになることもあり得る。 怒りが発動すると、相手を汚し、価値下げし、秩序を壊す。	できているところや姿を見つけては認めていく、根気強いかかわり（「いい姿勢だね」など）。 できたと思うと、またできなくなる、ということはよくあるので、織りこみずみのこととしておく。 できたときに誇りの感覚がもてているかどうかがカギ。 頑固な子どもやケチな子どもは前の段階の甘え直しからほぐす。 ふざけたりじゃれ合ったりということもほぐしになる。これは学校でもできる。（いじりすぎやいじめに注意）。	肛門期

●表 3-14 フロイトの発達論をめぐって（続き 1）

	段階名	獲得される心的機能（カギカッコ内のキーワード）	未獲得などの場合に後に及ぼす影響	援助の発想やアイデア
男根期	男根期（3歳ごろ～6歳ごろ）	性器の外形に興味を持ち，感覚も鋭敏になる時期である。 男女で性器の外形がちがうことから，「それはなぜか」「どうしてそうなのか」という「知的好奇心」が芽生え，大人を質問攻めにするようになる。 性器の外形の相違から，「役割のちがい」という概念をもつようになる。 （フロイトの生きた 19 世紀末から 20 世紀初頭にはジェンダーについての省察もまだなされておらず，LGBT などに関する知見もまだなかった。以下も同じ状況で唱えられたものである） 【男子の場合】 男根をもつことから，「力」「誇示する」「プライド」という感覚をもつ一方，女子にはそれがないことから「いつか男根を取り上げられるかもしれない」という「去勢不安」をもつようにもなる。 「誇示」の感覚の方が強いと「積極的」「強気」な心性となるが，行き過ぎると「出しゃばり」「見栄っ張り」となる。 「誇示」の感覚が弱くても，適度な範囲ならば，「控え目」となるが，弱すぎると「遠慮がち」「引っこみ思案」「消極的」となる。 怒りの感情は「支配する」形をとる。破壊性は肛門期よりも減少している。 【女子の場合】 ①から③の配合となる。配合の割合には個人差が大きい。 ①男子の男根を羨望し，なぜ親は自分にはつけてくれなかったのかと疑念をもつが，一方でちゃんと養育して大事にしてくれるとも感じるので，複雑玄妙な葛藤をもつ。 このことから，男子が獲得する「力」「プライド」などの心性を，男子よりも微妙な陰影をもつものとして獲得する。ゆえに女子の方が情動と言語が早く細やかに発達する（男子の方が単純である）。 ②男根を強く羨望し，男子と同じようになろうとして，男子のふるまいや心性をそのまま取り入れ，男子と張り合おうとする。 ③女性器に独自の感覚発達に由来する心性もあるとされるが，男性器ほど目立たないからか，具体的に明示はされていない。 （ただし男女とも近年は核家族のなかできょうだいも少なく，父親不在の家庭も多く，誇示や比較，張り合うなどを明瞭に経験する機会が減っており，上記の心性が不明瞭になる場合も多い）	知的好奇心がない。役割という概念がもてない。 力，誇示，プライド，積極性，強気，主張などを発揮したい状況でうまくいかず，くじかれることへのおそれから，引っこみ思案，消極的に。 逆に過ぎると，出しゃばり，見栄っ張りに。 怒りに基づく他者への支配。	一緒に遊ぶことにまさるものはない。遊びながら観察し，積極的に行けたところを評価し，前に出られないところを支える。 行事などでもよい。多種多様な姿，表情が出るとよい。バリエーションが増えるとよい。 思春期以降，学校行事，クラス企画，生徒会活動，部活動などで，再獲得への戦いが繰りひろげられるので，課題を抱えている子どものことはよく観察し，評価したり支持したりする。 出しゃばり，見栄っ張り，支配欲の虜，の子どもにはある程度のところで壁になる。ただしくじきすぎないように。欲求不満を建設的なものや他愛もない笑いなどに向けさせる。

● 表3-14　フロイトの発達論をめぐって（続き2）

段階名	獲得される心的機能（カギカッコ内のキーワード）	未獲得などの場合に後に及ぼす影響	援助の発想やアイデア
男根期（3歳ごろ～6歳ごろ）	【エディプス・コンプレックス】 自分の性がわかる。ということはパートナーとなる性もわかる。一番身近で愛情を感じるのは親なので異性親への思慕が高まる。すると，同性の親は異性の親を取り合うライバルになると気づきややこしい（complex）葛藤を抱くようになる。 さらに，まだ子どもなので親の庇護が必要。なのに一方とは結ばれたく，他方とはライバル関係に。さらにややこしい葛藤に。 同性親がライバルになるということは，相手に勝る存在になって，異性親の歓心を勝ちとらねばならない，と考える。そこで相手である同性親と自分を同一視して対抗していく。同性親のもつ技能，能力，価値観，感性などを取り入れ力を蓄えていく。 2者間の愛着関係から3者間の葛藤関係に直面して対処していく経験を通して，集団のなかでの他者とのかかわり方が伸びる。 2節の（3）で予告した内容がこれである。	【エディプス・コンプレックスによって育つ体験に乏しいとき】 ほしいものを勝ち取る，ライバルと競争して勝利したいと願う気持ちが希薄。 誰かを目標にするような，同一視によるモチベーションをもつことができない。 それによって，技術，能力，価値観，感性などを取り入れていくことが希薄に。 2者関係にとどまり，3者以上との関係にうまく対応できない。	エディプス・コンプレックスで育つものが希薄な場合，獲得したい何かや憧れられる誰かとの出会いや生じる機会を設ける。様々な人物，仕事，世界に出合わせる。読書，社会科見学，鑑賞会，スポーツ観戦，職場体験など。中等教育では生徒会活動や部活動などで先輩などへのいろいろな意味での憧れが動くのもよい。それをモチベーションにして，フェアな競争がはたらくようにする。集団活動で3者以上との関係をトレーニングする。観察と評価が重要。
潜伏期（潜在期）（6歳ごろ～第二次性徴）	異性親を得ようと同性親に対抗してみたが今のところかなわないようだと気づき，異性親への思慕をいったん棚上げにして，本物の力をつけないといけないようだと悟る。そのうちに，力をつけることそのものが面白くなってくる。思慕や欲動をめぐる葛藤はいったん退く。 心的エネルギーは外界の現実へとひろがり，同一視の対象も家族の外へ。仲間，リーダー，近所の人，教師など。 同一視の対象から技能などを取り入れることがさかんになるので，学校教育が始まるのに相応しい心身のバランスの比較的よい，のびやかな時期。	同一視できる人がいない。 力をつけること自体が面白く思えるものがない。見つからない。	教師に同一視して授業や学級活動に取り組めるようにできるのが理想。 同一視できる様々な出会いの機会を提供する。様々な行事，体験，見学など。
性器期（第二次性徴～一生涯）	第二次性徴により，欲動の再活性化が生じる。潜伏期以前の「積み残し」も再活性化する。自分をどう受け止め活用して他者と関係するかということを通して性器の機能の発達，完成へと向かう。というのも，性器の機能的満足だけを単独に求めると反社会的か非社会的なことになってしまうしかない。本当の意味で性器が満足を得るには，トータルな人間性が必要（様々な次元でコミュニケーションする力，相手をひきつけるトータルな人間的魅力，相手を大切にする思いやり，相手を守る強さと優しさ，社会的・経済的基盤など）。性器が性器として十全に機能するには全人的な発達とパートナーとのトータルな関係性を生きることが必要。 何歳で完成するというものではない。更年期以降や老年期もプロセスである。一生がその過程。	一生がその過程なので，積み残しという概念が成り立たない。生涯かけて探っていく。	積み残しに対する援助という概念にはならない。いろいろな助けを借りながら，生涯かけて自分なりのあり方を探っていく。

時期には個人差がある。エディプス・コンプレックスに関しては性の多様性についての人権教育等も今後の課題である。

リクソンだからである。なので，フロイトの理論がのみこみにくいときはエリクソンの理論と対応させると理解が進む。

エリクソンの理論と同様，心的機能の未獲得などは後に影響を及ぼす。その場合の援助の発想はやはり，「**積み残しのやり直し**」である（影響と援助の箇所はエリクソンの理論の表と同じく，筆者の考えである）。

このようにして「親密で温もりのあるかかわりを基盤に，周囲との親和的な結びつきや交流へと，生涯私たちを促す力」（滝川，2017）によって生涯発達していく。その力の象徴的中心として，「性」という語を据えたのだが，最後の発達段階において，性器的発達ということが，実は全人性を総動員する象徴的なものであることが示されたのである。フロイトはまた，人生の目的とは「働くこと」と「愛すること」であるとも言っている。これも，どこかでゴールというのではなく，一生涯，問い直したり展開したりするものとなる。

4. 各発達段階に特有の心理的問題に対する理解と援助

(1) 幼児期の心理的問題の理解と援助

ここからは各発達段階で特に見られる心理的問題をどのように理解してどのように発想して援助していくか，見ていくこととする。

まず，子どもが心理的問題をみせるときはどのような場合か，精神分析理論の力動論を基に，図3-4に示した。成人よりも環境要因が大きいのが特徴である。自我が抱えこむ様々な思いは，基本的には図の左側のように健康的に解決されるが，時として図の右側のように「反社会的行動」「非社会的行動」「葛藤の内在化」として現れることがある。現れ方は異なるが，周りを心配させたり困らせたりする点で共通している。

このような心理的問題について，年代ごとに見ていくこととする。

まず幼児期の心理的問題の理解と援助について表3-15にまとめた。登園渋り以外は小学校進学後も見られるものである。

このように葛藤の内在化が多いのが特徴のひとつである。ところで葛藤とは，2つまたはそれ以上の欲求や意向が相反し，ひとつに定まらない状態と定義で

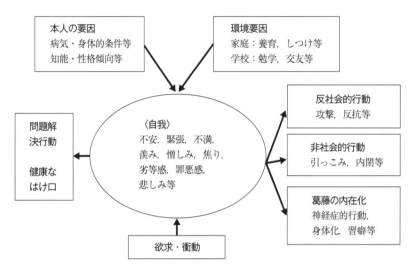

◉図 3-4 子どもの心理的問題の力動（前田，1994 を元に作成）

きるが，レヴィン（Lewin, K.）は表 3-16 に示した 3 類型があることを見出した。

レヴィン

(2) 学童期の心理的問題の理解と援助

表 3-15 で見た，緘黙・吃音・習癖（性癖）・チックなどは引き続き見られる。それらに加えてこの時期に見られるものについて表 3-17 に示した。

緘黙
チック

(3) 思春期の心理的問題の理解と援助

第二次性徴を迎えると感受性が急に鋭敏になり，不安定な心身に不安を覚え，それを恐れ隠すために強がってみたり不愛想になったりなど，「おとな」の心性への入り口に差しかかる。小学生でも女子の場合は高学年になると，学級に数名は思春期に入った子どもがいる。そのような時期に新たに生じやすい問題に関して表 3-18 に示した。標記の都合上中 1 ギャップを先頭に記したが，どの問題も小学校高学年からはあり得ると思っておく方がよい。一方で学童期に見られる問題は，表 3-17 のうち小 1 プロブレム以外は起こり得る。

中 1 ギャップ

●表 3-15 幼児期の心理的問題の理解と援助

	心理的問題	内容	理解と援助の発想
登園渋り 分離不安 移行対象	登園渋り	朝，登園時にぐずったり泣いたり叫んだりして出かけるのを渋る。園に到着後に養育者から離れたがらずしがみつく。 このうち，発達障害のある子どもの場合は苦手な刺激による苦痛を避けたいからであることが多い。	非社会的行動だが暴れて抵抗する子どももいる。分離不安が元々常に高いか，状況要因で一時的に高まっている。いずれにせよ愛着対象の恒常性が内面で揺らいでいる。まず「養育者を象徴する具体物」（ウィニコットのいう移行対象含め）の持参登園を試みる。無理な場合は養育者によるスキンシップを中心とした「甘え直し」で内面を安定させてからスモールステップで登園へ近づける。 発達障害の子どもの場合，苦手な刺激からの防御策をいろいろと試してみるとよい。 乳児期から仕事で保育に託す時間帯の長い養育者の場合，保育者も含みこんでの愛着関係の育ちをめざす。一貫してあたたかな関係性を安定的に引き継ぎながら育てればよい。
緘黙 全緘黙 場面緘黙	緘黙	話す能力は発達しているが話せなくなっている。あらゆる場面で話さなくなっている全緘黙と特定の場面で話さない場面緘黙とがある（場面緘黙が殆ど。家ではにぎやかなタイプと，家でも言葉少ないタイプがある。後者には，発達の遅れがともなっていることが多い）。	葛藤の内在化のひとつ。「自意識」の表れで，その段階まで発達したからこその状態でもあるので，「今のうちに話せるようにしないと」と急がない方がよい。むしろ，合図や表情などで意思疎通し，「話さなくてもコミュニケーションできる」という安心体験をもつことが重要。子どもたち同士は意外とそのあたりを理解して非言語的コミュニケーションをとっていることが多い。 非発話での表現（作品などでの表現の質，量。みんなで歌っているときに体や口が動いてくる，など）が増えてくると解消は近い。
	吃音	原因は諸説あって不明（心因性といわれた時期もあった必ずしもそうではない。ストレスや緊張が「増幅」させはするが）。 4分の3は自然治癒する。	園や学校で無理に直させたり気にするようにさせたりしない方がよい。 むしろまずは無理解やからかいなどによる「二次障害」を負わせないことが重要。 本人や家族が治癒を望むなら，言語聴覚士のような専門家のいる機関を共に受診するとよい。
	習癖 （性癖）	爪噛み，抜毛，その他「汚い」とされる癖（唾飛ばしなど）。	葛藤の内在化のひとつ。何らかに鬱憤，焦燥，怒りなどがたまっていて，何かでそれを晴らしたいのだが，見つからないという場合に多い。 「噛む」ならば口唇期，「汚す」ならば肛門期のようにフロイトの発達論が要因や課題などを理解する手がかりとなる場合がある（たとえば指しゃぶりは，口唇期の依存欲求について何らかの課題があるのかもしれない，など）。 たまっている感情は，友だちとの遊びなどのなかで自然に発散されるのが一番よいが，家庭背景や園のなかを見直してみると糸口が見つかる場合がある。 遊戯療法などの心理療法が有効なこともあるのでカウンセラーや相談機関につなぐのもよい。
チック	チック	対人場面，集団場面などで緊張感を感じると不随意に発生する筋肉運動や発声。緊張を解放している。比較的予後はよく，気にならなくなる程度におさまるが，それまでは子ども自身が疲れる。音声チックは目立ってしまうのでその点も苦しい。	葛藤の内在化のひとつ。本人の意志でコントロールできるものではないことを理解する。わざとしているのではなく，本人にとっても不本意だということを理解する。説明して安心させる。 からかいなどから守る。 目立たなくするごまかし方を共に工夫してみる。 緊張をほぐすワークやリラクゼーションなどに学級全体で取り組むと緩和されることがある。

● 表 3-16　レヴィンによる葛藤の 3 類型

類型	内容	例
接近-接近型葛藤	複数の正の誘発性（魅力など）が競合して選択に迷う場合。	授業に出ずに家で好きに過ごしていたいけれど、友達と校庭で遊んだりはしたい。
回避-回避型葛藤	複数の負の誘発性（難点など）の板挟みとなり逃げられない場合。	学校に行くのは不安で嫌だけど、休むことでみんなから変な風に見られるのも嫌だ。
接近-回避型葛藤	正と負の誘発性の標的が共存する場合や、同一標的が双方をもつ場合。	元気になってきたから登校を再開したいけど、みんなにどう見られるか不安で嫌だ。

接近-接近型葛藤
回避-回避型葛藤
接近-回避型葛藤

● 表 3-17　学童期の心理的問題の理解と援助

心理的問題	内容	援助の発想
小 1 プロブレム	入学直後の時期から、着席していることができない、整列ができない、片づけができない、人の話を聴かない、などの状態が続く。授業が成り立たない。 入学してくる子どもたちの背景となる幼稚園・保育園における教育が多種多様であるので、学校や学級というところの共通ルールがなかなか認識できない。 習慣化に手間取る。	基本となるのはルールを知らせていくことである。「これくらいわかるだろう」「常識だろう」と思わず、基本からひとつずつ示し、できたらその都度認めていく。崩壊した場合には、崩壊を全員で認めてリセットすることである。 また、小学校という新たな環境に慣れさせるための試みとして、担任をおかない期間を設けてゲームなどで関係性を作る、歓迎遠足などで高学年とペアで活動させる、学校や学級のルールを実践する姿を上級生に演技してもらってモデルを見せる、地域や大学などからボランティアに入ってもらって適応をサポートする、などの予防策がある。 他方で私たちがあらかじめ進学してくる子どもを知っておくことも重要で、幼稚園・保育園との情報連携の集まり（集団守秘義務に留意）や、行事などを園の先生に参観してもらうことなどによって観察のリレーを行うことなどができる。
登校渋り	登園渋りがなくても、登校渋りになる子どもはいる。 小学校は、園とはまた別の刺激特性をもっているからである。 発達障害のある子どもの場合、要因と援助は登園渋りの場合と同じ。 それ以外の場合、低学年時はやはり分離不安からであることが多い。 中学年以降、要因と背景は多様化する。 本格的な不登校になる前に、初期のうちに（最初の 1 週間以内に）なんとかする方がよい。 まずは家庭が安全基地（ベースキャンプ）になることができていてこそである。様子を把握し保護者と共に安心感を整える（家が居心地よくなって出てこないのではという心配は不要。エネルギーがたまれば動くのが子どもである）。そして教師が愛着表象を投影できる存在となれば、それを基盤に学級に入ることができる。	基本は「最初に渋ったその日のうちにまず動く」。子どもからの何らかの発信であるので、メッセージとして受け取るためにも、まず動く。 分離不安からであれば、登園渋りの場合と同じ対応をとる。 それ以外の場合は子どもが具体的理由を言う（「給食で食べられないものが出る」「プールに入りたくない」など）か、身体的不調を訴えることが多い。朝、行き渋りだした最初の場面に迎えに行くことができると最もよい。前者であれば気持ちを聴いたうえで当座のしのぎ方を共に考える。後者であれば、きつくなったら保健室に行けばよいと伝えて一緒に登校することを試みる（保護者同伴を望むならそれから始めるとよい）。 教室までたどり着けずにすくんでしまう場合、そこまで来られたことを十分な頑張りとして認めて（「先生嬉しいよ」と I メッセージで喜びを表現するのもよい）、その努力の 9 割の力でできることを翌日から継続してみることを提案する。9 割の力でできることが十分継続すれば子どもから次のステップに行きたいと言い始めるので、すこし我慢させ、十分以上に力がたまったら次のステップに進む（スモールステップ登校）（市川・工藤、2017 の示唆による）。 遅刻や早退の初回の段階で細やかに対応することも重要。何がきついのか、きつさはどのくらいなのか、家に帰ったらおさまったのかなど具体的に聴いて把握するところから。

小 1 プロブレム
登校渋り

●表 3-17　学童期の心理的問題の理解と援助（続き）

心理的問題	内容	援助の発想
不明熱，不明疼痛，不定愁訴など	インフルエンザや食中毒など明瞭な原因はなく，なんとなく熱がある，お腹が痛い，頭が痛い，体調不良などと訴える。幼児期から多く見られる。	実は心理的負荷（気になること，負担，脅威など）によるストレスの場合がある。年齢が下がるほど，心身が未分化で気持ちを言葉にできず身体で訴える。腹痛なら腹痛への普通の心配を普通にすることが，ストレスへの手当てにもなっていることが多い。保健室などを利用し，できるだけ登校させて9割の力でできる範囲の活動にとどまらせ，できたらねぎらって，それ以上は無理させず安静にさせる。
強迫症	「手にばい菌がついていて何度洗ってもついていると思える」あるいは「忘れ物をしてしまったのではないか」「鍵をかけ忘れたのではないか」というようなイメージや観念が繰り返し生じて，手洗いや確認などを反復する。そのことに時間がとられ，頭では大丈夫と思っても観念が繰り返し生じて反復行為をしてしまう。	まずは生活全体のなかで安心できる状況を増やす。今の生活が症状の原因ということではなく，心理的な負荷を減らすと成長力が作用して症状がまぎれていく。遊びや楽しみに没頭するなかで消化されていくのが最もよい。手洗いや確認を我慢できないとき，教師が側にいて「少しずつ我慢してみよう」「案外大丈夫なものだよ」と「慣れ」を増やしていくのもよい（できた部分を認めることだけを根気よく継続する）。
起立性調節障害	朝，体がだるく起床できない。起きあがると立ちくらみなどがして学校に行けそうもない。行こうとしても倒れこんだりしゃがみこんだりする。昼ごろにようやく起床でき，夕方以降は体調も楽になり遊んだりするが，夜はなかなか眠れない。心因性や環境因性の不登校と見かけ上似ているが，自律神経系の日内リズムの一時的な失調である。起床時に交感神経がうまく作動せずに血圧が上がらないことが倦怠感やふらつき，立ちくらみの原因。思考力や判断力も作動しにくい。昼ごろにようやく交感神経が活動的になるが今度は夜になかなか鎮まらずに入眠困難になったりする。	まず怠けや精神的弱さなどではないことを本人および保護者と共有する。ただし最初からこの障害があるとわかることは少ないので，それまでは通常の登校渋りへの対応を試みればよい。それでなんとかなる場合もある。診断がついて以降もやはり家庭訪問が重要だが，この場合は朝より夕方がよい。翌朝の約束などはさせず，午後からの無理のない時間帯で無理のない活動から始めるスモールステップ登校を行う。家庭での基本は生活リズムの回復であるが，少しずつからでよい。本人が焦らないためにも，周囲が焦らないことは重要である。水分を十分に補給するとよい（登校時も同様）（田中，2016）。
子どもの「うつ」	成人が過労などで服薬が必要なうつ病になるのとは全く別に，2000年ごろから「子どもにもうつ病がある」といわれるようになった。精神科疾患の「チェックリスト式」診断がひろまり，これを安易に子どもにあてはめたにすぎず，成人のうつ病とは異質のものだが，人間関係から気疲れしている子どもが増えているとは言えそうである。	成人のうつ病と最も異なるのは薬を使うことは余程の場合でないとあり得ないことである。子どもでもいつも明るく元気でばかりいられないし，沈みこんだり何もかもがつまらなく感じたりするのが人間として自然なことなのだから，そういう目で受け止めつつ，その子どもの環境から負荷を減らし，気にかかっていることがあれば解決を共に図る。これらを通して心の回復力（レジリエンス）が成長する。

●表 3-18　思春期の心理的問題の理解と援助

心理的問題	内容	援助の発想
中1ギャップ	中学校に進学し，教科担任制になり，学習のペースも上がって家庭学習が必須となり，名前の呼ばれ方が変わったり，他校出身生徒との関係や部活動などでの上下関係など新たな質の人間関係にも対応したりしていかねばならず，それらについていけなくなった状態。端的に欠席の増加としても出現し，長期欠席（年間30日以上欠席の児童生徒）は中学校1年生と2年生の時点でそれぞれ前学年時の倍以上に増える。	まず子どもに新環境をあらかじめ知らせる手立てとして，出前授業で中学校の授業の雰囲気を体験する，逆に体験入学を催して中学校の雰囲気を知り，その機会に他の小学校の同学年児童と交流する行事を設けて関係づくりをするなどの予防策がある。学級担任制でなくなるので，小学校6年生の時点で「個の力」「自分一人でやっていける力」，特に自己効力感を育てておく。中学校区で9年間を見越した連携を行うことも有効。まずやはり発達，学習，健康（欠席，遅刻，早退），家庭状況などの情報連携である。観察のリレーとしては中学校の教師が小学校の行事を参観する，逆に中学校の授業参観に小学校の先生を招くなどが有効である。**中学校区全校**で「授業や生活のルールの共通スタンダード」をつくり統一的指針で指導するようにしておくと，先生によって指導される内容がぶれることがなくなり，子どもも確実感をもつことができる。
言葉のトラブル	これについては2節(3)に記したのでそちらも参照のこと。小学校低学年くらいまでは，取っ組み合いのようなドタバタに他愛のない悪口が混じっているのは，心理的発達にはよいことが多い（一方的な事態，つまりいじめや差別になっていないかだけ注意）。中学年あたりからは手出しが減り，素朴な悪口合戦に。これも，他愛のないものかどうかだけ見ておく。思春期に入ると途端に，他意のない表現に傷ついたり，何かと激しい言葉を多用したり，その同一の激しい単語がただの挨拶から関係操作，あらわな攻撃にまで用いられたりして，言葉のトラブルが増える。	指導についても当該箇所に記したので参照のこと。小学校中学年ごろまでは言語と感性がほぼ対応しており感性とボキャブラリーの齟齬が少ないが，思春期が始まり感受性が急に鋭敏になる一方で，その鋭敏さにボキャブラリーが追いつかない状態となる。少ない語彙に，微妙な心性を，あれもこれも盛りこみ齟齬が増える。これが解消されるのは早くて高校生～20代で，言語能力が急速に感性に追いついてきて「語り合い」が楽しくて時を忘れるようになる。それまでは特定の単語を禁止してもあまり意味はなく，どのようなメッセージをプレバーバルに取りかわし，どのような関係性になっているか，しっかりとまずは観察することが重要。悪ノリに教師が加担しないのは言うまでもない。トラブルがトレーニングの機会になっているようなら，それぞれを支えながら経緯を見守ることも重要だが，一方的な事態になっていればいじめであり，厳しく指導する。
過敏性腸症候群	Ⅰ型はストレスがたまり便秘がちとなり腹痛をもよおす。女子に多いとされる。Ⅱ型は自意識が高まり過緊張となり頻繁に下痢を催す。男子に多いとされる。	やはり家庭及び学校での安心感が重要で，そのなかで自分なりの生活ペースとリラクゼーションを探っていくうちに解消する経過となるのがベストである。発達の個人内差や個人間差のばらつきがとても大きい時期であり，夢中で仲間と楽しんだり，何かに打ちこんだりしているうちに自然に通過できるとよい。教師はそのための舞台装置づくり，プロデューサーである。こじれたり長引いたりする場合はやはり専門的援助へつなぐ。まずは養護教諭やスクールカウンセラーにつなぐとよい。

中1ギャップ

過敏性腸症候群

● 表 3-18 思春期の心理的問題の理解と援助（続き1）

	心理的問題	内容	援助の発想
自傷行為	自傷行為	リストカットをはじめ，上腕部，下肢などの見えにくい部分を軽く切って出血させる。繰り返したり，見える部分にも行ったりする場合もある。希死念慮があったとしても，いきなり自殺企図とはならない場合が多く，その意味で大慌てすることではないが，放置すると後年自殺企図に走りやすいのも事実なので，軽くみることは絶対にできない。また発達障害などの場合は，自殺企図にいきなりつながる場合もあるので，どのような刺激にどう反応するのか，注意深くかつあたたかく観察することを絶やさない。動機としては，自責，自罰，失望，絶望，見捨てられ感，別の苦痛の緩和，「自分のなかの汚いもの」を洗い流したい気持ち，「生まれ変わりたい」，「確かな感じ」がほしい，など多種多様である。	教師が知ったときには事態がかなり進んでいることが多く，できることは限られているが，まずはともかく行為を責めても逆効果であり，表明してくれた勇気や信頼を大いに支持する。黙ってあたたかく手を当ててあげる雰囲気（思春期前なら文字どおり傷の上からそっと手を当ててあげてよい）でそばにいる。傷の「手当て」が，気持ちの「手当て」になることも多い。 学級や学校のなかを見直してみる。本人を追いこんでいる何かはないかなど。家庭背景なども同様に見直してみる。 学校でも安心感を持てる関係や居場所をどこかにもつことができるとよい。ただし担任である自分自身が何としても，と思わなくてよい。相性のよい，本人が安心できる誰か大人との関係がそうなればよい。 保護者に落ち着いてもらうために対話する必要がある場合もある。 また自傷行為をしていることを打ち明けられた友人が苦しい思いを抱えこんでいることがある。その子どもへのフォローは教師として重要。 打ち明けられたら信頼できる大人につなげばよいということを，平時に全体に伝えておく（「保健室通信」「スクールカウンセラーだより」などで行うのが自然）。 やはり専門的援助につなぐ。養護教諭やスクールカウンセラー。
摂食障害	摂食障害	3つのタイプがある。 【神経性やせ症／神経性無食欲症】 有意に低い体重，体重増加・肥満への恐怖が特徴で，自己の体重や体型の体験の仕方が特有（周りからはどう見ても痩せ細っているのに「まだここが太い」と気にする）。摂食制限型と過食・排出型（体重増への恐怖から吐き戻したりする）があり，後者の方が深刻である。 【神経性過食症／神経性大食症】 食べることを抑制できない感覚と，体重増を防ぐための不適切な代償行動（嘔吐や下剤の使用）が特徴である。ただし体重は正常下限またはそれ以上を維持している。 【過食性障害】 過食はするが，代償行動がない。いわゆるむちゃ食い。 いずれも女子に多い。	自尊感情低下，無力感，不安感，不全感，成熟への不安などを，体重・体型コントロールによる効力感で埋め合わせる。そのうちにそのことに拘泥（過度のダイエットなど）するようになり，拒食・過食などの行動を反復しては，直後に空虚感を覚える。この繰り返しがエスカレートしていく。 程度にもよるが，身体面の治療（栄養管理，内臓の機能障害の治療など）と心理療法（時に薬物療法）との双方が必要となる場合がある（内科的入院を要する場合も）。学校内ではまずは養護教諭とスクールカウンセラーにつなぐことができるとよい。 現代は情報過多で，自尊感情を上下させる要因も多く，また痩身の方法から吐き戻し法についてまで，誤情報・危険情報含め，やはり情報過多である。それらに対抗する教育も必要かもしれないが，家庭や学校でほっとできて認めてもらえる相手や時間帯があることがより大切。 様々な享受感を素直に味わえるようになるとよい。ただし専門家でも苦戦するものなので，無力感に陥らないこと。

表 3-18 思春期の心理的問題の理解と援助（続き2）

心理的問題	内容	援助の発想
パニック障害	小学校高学年の学童期心性においてもあり得る。突然、動悸や胸痛、発汗、めまい、吐き気、過呼吸、といった「パニック発作」が生じ、数秒間、強い不安感に襲われ、そのうちに自然に治まる。 完璧主義者、頑張り屋、一生懸命な人に多いといわれる。 自然に何とかなることも多い一方、パニック発作から予期不安に、さらに広場恐怖（ひろいところが怖いのではなく、人が大勢いるなど、身動きできない状況でパニック発作が起きてしまうことを恐れ、劇場や電車などにいられなくなる）へとなることがある。重症例では、不安発作が重なり、うつ病に至ることもある。	パニック発作は本人も周囲も驚き、恐れる。教師としてはまずは、普通の心配を普通にすることになる。というのも最初から「これはパニック発作だ」とわかることは少なく、発作からまずは内科的チェックにかかり、何もなかった場合に精神科や心療内科で「あれはパニック発作だったのだ」とわかりパニック障害と診断されることが多いからである。医院では薬物療法（頓服でよい場合が多い）と心理療法（多種多様）が併用されることが多い。 診断されたら教師自身も、本人も、周囲も、ピリピリしなくてよい、ゆったりとしたあるがままでよいよ、という雰囲気を意識して接する。 本人が頑張り屋さんを続けようとするなら、ほどほどにしておいていいよと伝えつつも、「頑張りたい」という「したいように、あるがまま」をほどほどに認めることも大事。いろいろ繰り返しながら、自分とのつき合い方を身につけていく。 適度に手抜きができるようになるのが「理想」。 発作が何度もあると「またか」「病気に逃げている」など、軽視や誤解になりがちだが、本人はその都度恐怖に襲われるし、そもそも甘えるのが苦手だから発症している場合が多いので、ここは正しく理解しておく。「頑張れ」は禁忌。 軽症から重症まで含め、正しい知識をもったうえで、ゆったりと受け止めて見守ることができるとよい。
思春期妄想症	自己臭恐怖が多い（自己視線恐怖、醜貌恐怖などもある）。急な身体変化に対して自我違和的な当惑を覚えることと、自他の関係性に、特に自分がどう見られているかに対して多感になることとから。	基本的には一過性のものであるので、何かに夢中になったり打ちこんだりしているうちに気にならなくなるようにするのが、教師としてできることとなる。 それでも本人が気にしてやまない場合には、スクールカウンセラーなどの専門家につなぐとよい。

パニック障害

(4) 青年期の心理的問題の理解と援助

　思春期に特有の問題が自我の揺れ動きにともなうものであるのに対し，本格的な青年期には，社会との関係や自我の完成をめぐる事項が問題として加わってくる。表3-19に記した。

表3-19　青年期の心理的問題の理解と援助

	心理的問題	内容	援助の発想
高1クライシス	高1クライシス	高校進学後は受験後の荷卸しや目標喪失感から学習意欲や登校意欲が低下する生徒が出現するが，出席日数，単位などのカウントがシビアになるため，中退という危機が間もなく浮上する。中退後，フリーターになったりひきこもりになったり，反社会的行動に走ったりする者もいる。	事前にできることはやはり，体験入学や，授業や部活動の出前，関係づくりの行事などであろう。やむなく中退となる場合は次の進路へのモチベーションと具体的イメージをもつことができるかどうかがカギとなる。それまでの間の「安全基地（ベースキャンプ）」は必須。家庭がそうであるのがベスト。少子化のなか，個々人に手厚く面倒を見る高校も増えている。定時制や単位制，通信制の高校からやり直すこともできる。
対人恐怖	対人恐怖	社会的な対人場面で過度の不安や緊張が生じ，対人的な場面を避ける。家族など距離の近い関係や全くの他人のように距離の遠い関係は大丈夫だが，教室内の他の生徒など何らかのかかわりを意識させられる「中間の距離」にある人との場面が苦手である。自分が周りの社会集団に受け入れられるか，承認されるかという点が不安になっている。いやおうなく緊張してしまう，思うに任せぬ自分に苦しむ。かつてはそれでも対人場面に出ようと頑張って苦しむ例が多かったが，現代ではひきこもることで当座をしのごうとして長期化する例が多い。	頑張ろうとして余計に苦しんでいる場合には，とりあえず頑張らなくても大丈夫だと，ほっとできる場を確保する。何かに取り組むことで自分をつくっていき，なじめる世界やそこそこ楽しめる感覚を養い，そこから徐々に周囲に溶けこむステップを踏んでいく。ひきこもっている場合には，無理矢理引っ張り出しても良いことは少なく，まずは安心してひきこもれるようにすること，そこが安心できるベースキャンプになることである。そのうえでやはりどんなささやかなものでもよいので，何かに取り組み始められるよう，時を稼いだりアイデアを出したりして，能動性を徐々にやしなう。そこから徐々に周囲に溶けこむステップへと促す。
アパシー・シンドローム	アパシー・シンドローム	もともと大学生を対象とした概念である。学習意欲が低下し，進路にも無関心で，それらに対して無気力で向き合わない一方で，サークルやアルバイトなどでは活動的で，交友関係もそれなりにある（「無気力の選択性」とよぶ）。これはあくまで状態像を指す概念なので，背後に何があるのかについてのアセスメントが重要となる。簡単な助言で解決する場合，環境調整で抜け出せる場合，心理療法や薬物療法などが必要な場合など様々あり得る。	中学や高校では，入試という「次の目標」があることが多いので，「無気力の選択性」も一過性ですむことが多いが，重度の場合，中学校なら長期の不登校，高校なら留年から退学ということがあり得る。無気力型不登校には粘り強く一定のペースで登校刺激を与え続ける。高校では中退のリスクがあるので無気力状態には特に早期に気づいておく必要がある。そのうえで，大概，何らかのきっかけや背景があるので，本人の言い分をしっかり傾聴して理解するところから，環境調整や行動の提案へ。

3章 発達という視点からみる 97

● 表 3-19 青年期の心理的問題の理解と援助（続き）

心理的問題	内容	援助の発想	
ひきこもり	不登校，中退，休学，アパシー・シンドロームなども含んだ包括的な概念であり，状態像は均一ではない。 精神疾患（対人恐怖症，うつ病，統合失調症など）に起因するもの，発達障害を背景とするもの，要因は目立たないが心理的課題が表面化したもの，家族的背景によるものなど，背景は様々なので，専門的なアセスメントが必要となるが，まずは家庭外の誰かが本人のもとを訪れてつながりをもてるようになるところからである。 長期化するほど後の困難が増すので基本方針は「長期化させない」であるが，無理矢理にならないことが重要である。 どうすることが無理矢理ということになるのか知るためにもアセスメントが重要となるが，ともかく何らかにつながりをもち続けることが欠かせない。	あくまでも応援する味方であると認識してもらえるようにアプローチする。安全感，安心感，ありのままでよいことが伝わるとよい。何気なく一緒にいる時間を少しでももつことができるようになれば教師としては上出来であろう。 今後については急がせない。基本的に本人が自発的に話したときに傾聴する。 出席日数や単位など客観的情報を伝えないといけないときには，ニュートラルに情報だけ伝える。「こうしないとまずいよ」ではなく「とりあえずこういう状況だから」という感じで。 適応指導教室のような中間的施設につなぐことができるとよい。自治体によってはフリースペースやボランティア活動などで，スモールステップで社会に踏み出していく場を設けている。ひきこもりや長期の不登校から踏み出すための専門の学校を設けている自治体もある。フリースクールでもよい。「教育機会確保法」が今後そのような場の整備を進めるであろう。 発達障害者への職業訓練，就労支援なども自治体にもよるがかなり進んできている。 そのような情報を，本人や家族に伝える。情報そのものでなくても，どこにそのような情報がありそうか，伝える。	ひきこもり 教育機会確保法
統合失調症	青年期に発症しやすい精神障害だといわれてきたが，この数十年で軽症化しているといわれる。以前は精神分裂病とよばれていたが，病気として生じている事態をうまく言い当てておらず，代案の議論がなされ，2002年からこの呼称となった。 幻覚（幻聴が圧倒的多数），妄想などの陽性症状と，情動や意欲の表出減少などの陰性症状があるが，本質的病理が何であるかについてはいまだに議論がある。脳神経系の失調をともない，神経伝達物質のバランスが決定的に崩れた状態をともなっている。したがって薬物療法が必須である。 一方で統合失調症と診断されていた者が，後で実は発達障害者だったとわかるということもある。 知能は障害されず，意識は清明である。ヨーロッパには患者を入院させることなく地域で共に生活できている地域もある。	かつては不治のイメージがあまりにも強く喧伝されていたが，治る病気である。悪くとも，最小限のコントロール（薬物など）で十分に社会生活ができる状態にまで治癒する。ただ，かかった初期にこじらせると，長期入院などになる。 ともかくも休養が第一であり，無理をしない，させないことはもちろん，一念発起をしないことが重要である。脳が消耗しており物質のバランスも崩れているからである。早めに休養に専念してから徐々に生活を建て直せばよい。 「頑張り文化」「根性文化」「粘り文化」は彼らには毒にしかならない。 とにかく睡眠が大事。何をおいてもこれがまず先決。 上手に治すと生活もバランスがとれる。 「何をするかわからない怖い人」のように思うのは完全な誤りで，偏見である。彼らの方が私たちをとても恐れており，正直でしかいられず，嘘をつくことができない。脅かさず，ひとりの人として当たり前に接すればよい。	統合失調症

4章
アセスメントという視点と心理検査の活用

　前章で，子どもたちを過去から現在を通って未来へと続いていく時間軸のなかで捉えて理解する，発達というツールを得た。

　最後の章ではさらに幅広く子どもたちを総合的に理解するためのツールを学ぶ。それがアセスメントである。
　聞きなれない言葉かもしれないが，assessmentという英単語のここでの意味は「査定」「見積もり」だ。
　この語ならば何種類かのコマーシャル等で耳にしたことがあるのではないだろうか。
　私たちは何のために査定や見積もりを行うだろうか。そして具体的に何をするだろうか。
　少しはイメージをもつことができるのではないだろうか。

　査定や見積もりには数値がつきものだが，私たちが子どもや取り巻く状況をアセスメントするとき，主役となるのは数値ではない。では何だろうか。教師の仕事に不可欠なものを確認していく。

　とはいえ数値も登場するのがアセスメントである。数値というものの性質を知っておくことが肝要だ。
　その性質を正しく用いるよう設計されたものが検査である。だからこそ正しく用いないと危険がある。心理検査はあくまで参考資料なのだ。注意事項とともに学んでいく。

　以上の，アセスメントという視点と心理検査の活用について学んで本書の結びとしよう。
　子どもを理解するために使うことができるツールが多く手に入ったことに気がつくだろう。

1. 教師の仕事とアセスメント ・・・

(1) アセスメントとは

　先ほどみたように，assessment という英単語には様々な訳語があるが，ここでの意味は「**査定**」「**見積もり**」である。

　たとえば中古車を売るときに見積もりをとる。保険に加入するときに査定をしてもらう。何のためだろうか。どこと取引するのが最もよいか，どの商品にするのが最もよいか，判断するための手がかりを得るためだ。見積もりをもとに選択していくわけだ。見積もりなので，最終的な細かい価格ではない。あくまでも当座の判断において手がかりになる程度の，大体のところがわかればよい。

　この性質が実は，私たちが子どもたちやその周りの状況などをアセスメントしていくときと全く同じなのである。

　ある子どもが困っている。どのように援助すればよいだろうか。最初から全てのルートとゴールが見えることは多くない。まずは目の前の状況のなかでさしあたり何から始めたらよいのだろうか，そのための手がかりがほしい。最小限でよい。その手がかりを得ていくことをアセスメントとよんでいる。

　さしあたりこうしてみたら，このようになるのではないか，そこまで見えれば十分である。私たちは子どもたちと生きた日々を共有している。そのなかから見えてきた当座の方針，それを「**作業仮説**」ということができる。作業仮説がどれほど的確なのは，やってみなければわからない。作業仮説のとおりに試してみて，そのとおりに助けになったならば検証されたということでそれを継続すればよく，うまくいかない点があったようであればそこを修正した新たな作業仮説を組んで，それを次に試してみればよい。このような**実践を通した循環的な仮説検証**を，意識しなくとも練達の教師は行っているものだ。

　作業仮説を得るための情報収集がアセスメントの基礎作業である。

　心理アセスメントといえば心理検査を連想する人もいるかもしれないが，**心理検査が全てではない**ことがこれでわかる。むしろ副次的，参考資料の位置で役割を果たす。それよりももっと大切な情報収集法がある。特に教師にとって

はそうであり，次項以降で詳述する。

アセスメントと診断のちがいもわかるだろう。診断はあくまでその道の専門家が確度をもって行うものである（治療開始時の作業仮説として出される診断も実は少なくないのだが，最終的には「確定診断」というものに至ることが求められることが多い）。厳密な分類が求められることもある。私たちのアセスメントはそうではない。この私たちがまず何をしてみるか。誰が行うかでも作業仮説は異なってくるだろう。私たちの生身の個性を入れこんだものなのだ。

情報を収集し作業仮説を立てるときに意識しておくとよい視点が2つある。

ひとつは「**生物心理社会モデル**」とよばれるものである（図4-1）。Bio-Psycho-Socioともよばれる。私たちは，もちろん子どもたちもだが，身体をもつ生物であり，内心でいろいろと思ったり考えたりしており，他者や集団とのかかわりあいのなかにいる。心身の状態や様々な言動はこの3つからの影響をいつも受けている。朝なかなか起床せずに学校を休む子どもがいるとする。神経性の睡眠障害があるのならば生物的要因だ。今日の給食で嫌いなものが出るから，ならば心理的要因であり，上級生から目をつけられて何をされるかわからず怖いから，ならば社会的要因だ。しかしこのような単純な場合は少ない。図4-1のように複数の要因が絡み合っていることが多い。

だからこそ私たちは保護者から「お腹が痛いと言っているので休ませます」との電話を受けても「はい，わかりました。お大事に」で終わらせてはいけない。心理的要因や社会的要因でそうなっているかもしれない。だとするともっと詳しく知りたいことが浮かんでくる。電話で詳しく様子を尋ねたり，直接様

様々なパターンの重なり合いがある

●図4-1　**生物心理社会モデル**（Engel, 1977を参考に作成）

子を見るために会いに行ったりしたくなるだろう。このときすでに，3つの領域に可能性をひろげた作業仮説をもって動いていることになるのだ。

　他方でひろい目配りは重要なのだが，そのなかでの**教師としての自分の立ち位置**は確かにしておきたい。多数の要因のなかで自分の仕事や役割を見失わないためである。生物的要因なら医師が，心理的要因ならスクールカウンセラーが，社会的要因なら（身近な対人関係なら）スクールカウンセラーや（貧困など家庭全体が不安定なら）スクールソーシャルワーカーが専門家だ。では私たち教師が軸足をおくのはどこだろうか。そこを固めて足場とすることが欠かせない。学級担任だから見えること，学級担任だからこそできることを常に考え続けながら情報を集め作業仮説を立ててみることである。

　そして複数仮説を常備しておくとよい。予想外の事態への対応も早くなる。

対処行動　　もうひとつ重要なのは「対処行動」という視点である。「問題行動」とよばれるようなどのような事柄であっても，本人としては，本当に困って苦しんでいることへの対処行動として行っている（神田橋，1997）のである（図4-2）。

　登校してこないのは，ついていけない授業を受け続ける苦痛への対処かもしれない。万引きを繰り返すのは，親からもっと気にかけてほしいからかもしれない。選択した行動自体は望ましくないものかもしれないが，思いつく対処行動がそれしかなく，やむにやまれずしているものであることが多い。すると私たちは単に問題行動を潰せばよいとはいかなくなる。それでは対処主体である子ども全体を潰しかねない。それよりも，この行動は何に対する対処行動なの

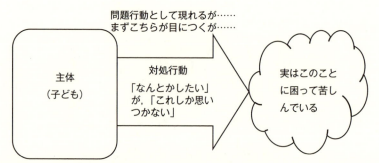

●図4-2　問題行動を対処行動として捉える視点（神田橋，1997を参考に作成）

かと考えてみよう。何に対して，なぜ，どのようにしてその行動を選んだのか。対処としてどれくらい成功しているのか，どれくらい不成功なのか。本当にこの対処でよいと感じているのかなど，様々な問いが浮かんでくるだろう。問いを基に家族などかかわりのある人に話を聴いて情報を集めたり，本人からも話を聴いてみたりしたくなるだろう。全体構図が見えてきたら，「もっとましな」対処行動が思い浮かぶかもしれない。それを提案したり共に考えたりして，解決へと踏み出すことができる。

視点を変えることで様々な援助のアイデアが湧く，この発想を常備してほしい。

(2) 教師の仕事におけるアセスメントの方法と留意点

では実際に教師としてアセスメントを行う際に，どのような方法を用いるとよいだろうか。表4-1に示した。

●表4-1　教師の仕事における具体的なアセスメントの方法

方法		説明
関与しながらの観察		教師にとって圧倒的に重要なのが観察である。言語化能力が発達途上の子どもから言葉で聞き出せることは必ずしも多くない。表情，姿勢，動き，他の子どもとかかわる様子など，観察から得られる情報は豊富である。視覚だけでなく五感を総動員する。挨拶や返事のときの声の調子はどうか，一緒に遊んだときの身体の力の入り具合はどうだったか，かかわりながら観察することである。ちなみに観察の敵は「決めつけ」である。しかし私たちはしばしば決めつけに陥ってしまう。カッコいいからである。これを捨てるところから，生きた理解が始まる。
関与の外側からの観察	対象化して観察する	日々目まぐるしくかかわっていると見えなくなるところが生じることがある。膠着状態になることもある。そこで別のモードを導入する。日々の流れを外側から眺めてみることである。継続的に記録をつけてみて対象化することは自分ひとりでも可能であり，見落としていたことに気づいたり今後の予測がついたりする。
	他者の視点による観察	行きづまりそうになったら（その前だともっとよいが）同僚の目から見てどうなのか，聞いてみよう。勇気のいる場合もあるが，特に若いうちは相手も歓迎してくれる。自分ひとりでは見えなかったことや思いつかなかったことが得られる。
様々な情報，資料		今目の前のことだけでなく，もっとひろく情報を集めてみよう。前年度の担任や，前の学校の担任に話を聞いてみよう。家族，近所の人，習いごとの先生などが知らないことを教えてくれるかもしれない。文書の形で残っている資料（通知表，出欠などの記録，健康観察の記録，指導の記録，診断書や心理検査の報告書など）があれば，そこにも有力な情報があるかもしれない。

● 表 4-2 観察の3次元

観察の次元	具体例
身体的・生理的次元	顔色，表情，目の色，声の調子，動作，姿勢，睡眠，食事，排泄，注意集中など
行動的次元	遅刻，早退，欠席，保健室利用，帰宅時間，校内での居場所など
言語・文化の次元	成績，提出物，作品，清掃や係活動，部活動，言葉遣い，金銭，身なり，持ち物，友人関係，遊びなど

　このように教師にとっては観察が何よりも大切となるが，このときに表4-2の3つの次元を意識しておくとよいかもしれない。より全体的に観察できるだろう。同僚や保護者などから情報を聞くときも，この3次元を意識しておくとよいだろう。

　ところで情報の収集を校内，あるいは校種間（小学校と進学先の中学校など）で組織的に行っておく情報連携は前もって行っておくと様々な助けになるが，高度な個人情報を扱っているという自覚も重要である。

　そもそも守秘義務のない仕事というものはなく（コンビニエンスストアのアルバイトにも守秘義務は発生する）業務上知り得た個人情報を正当な理由なく業務の目的以外に用いてはいけないが，教師が扱う個人情報は子どもを取り巻く様々な事情や内面などにも踏みこんで評価したり査定したりした内容にまで至る。高度な要守秘性をもっているのだ。一般に秘密というものは共有する人数が増えるほど秘密にしておくのにエネルギーを要するが，情報連携においては集団守秘義務を全員が自覚し，チーム内では共有するが外には一切漏らさないようにする努力が欠かせない。うっかり他の子どもの前で口にしてしまったりしてはいけない。

　こうして私たちは子どもを言語で理解するのだが，あくまでも理解のための仮の枠組みであることを最後に確認しておきたい。生きた人間同士として子どもたちとかかわりあい，目の前で生きている姿を捉えることがスタートでありゴールである。このことを忘れないようにしたい。

(3) 情報収集の様々な手法

　アセスメントのための情報収集については，心理学で様々な手法が開発され用いられてきた。それらと，学校での利用，応用について表4-3に示した。

●表 4-3 情報収集の様々な手法

名称	内容	学校での利用，応用
自然観察法	子どもたちのありのままの言動を観察し，記録する。可能な限り関与を排除して観察する自然科学的観察法と，自然な関与のなかで観察する参与観察法がある。	前項でみたとおり，教師にとって圧倒的に重要なのが観察であり，参与観察法をまずは常に行いこまやかにできるようにしていくことである。一方で記録をつけてみるのは自然科学的観察法に近い。
実験観察法	ターゲットとする言動を定めたうえで，一定の状況をしつらえて，その状況下でターゲットの言動がどうなるかを観察する。	これをそのまま学校で行うことはまずないが，学校の施設や環境は，教室や座席の配置や校則など，同一条件下に子どもたちをおいており，だからこそ子どもたちの個性が比較できるという点が実験観察法的ではある。
質問紙調査法	一定の用紙に質問項目を列記して回答を求める。回答のさせ方によって，記述式と択一式などに分けられる。	何らかの事件（いじめや事故，災害など）の後などに自由記述式のアンケートを行うことは多くなされている。一定のフォーマットを用いた生活記録なども質問紙の一種といえる。
面接調査法	対面して言語による応答からデータを得る。応答内容データだけでなく対面状況で得られる観察からもデータ（表情，声の調子など）が得られる。	援助的な面接については 2 章で学んだが，情報収集のための面接でも基本は同じである。スクールカウンセラー活用のために年度の早い時期に全員と「顔合わせ面接」を組むのは効果的である。家庭訪問も面接である。マナーと配慮が重要となる。
検査法	子どもたちから得られたデータを数値として正当に評価するために，すでに蓄積された膨大なデータと比較して評価する。「標準化」「信頼性」「妥当性」の3条件が揃っていることが必須（心理検査の箇所で詳述する）。	教師にとっては「日ごろの参与観察による理解」を，データを用いた評価と照合して検討を深めることとなる。学力テストやアンケート調査も左記の3条件を満たしていれば検査法であり，前者には「標準学力検査」，後者には様々なパーソナリティ検査など（後に詳述）が開発されている。
作品法	絵画などの作品を作らせて，そこに現れる個性を捉える。	子どもたちの作品から個性を知る機会は校内にあふれている。最も比較しやすいのは同じ文字を全員が書いた書道作品。同一題材による美術の作品がそれに次ぐ。その他作文，日記，家庭科や技術科の作品，美術の自由作品など。エネルギーの大小，緊張の程度，大胆さ，細心さ，自由，計画性などの情報を読み取ることができる。それらが持ち前の「特性」なのか一時的な「状態」なのかということの吟味も欠かせない。その教科や課題自体の得手不得手の影響の方が大きい場合もあり，担当教師との相性の影響も大きい。
事例研究法	ある子どもについて，様々な情報を，観察法・調査法・検査法・作品法などで収集する。生育歴，家庭状況，これまでの学年での様子，などを関係者から面接法で聞き取る。これらを総合して，問題とその経過，本人の心理的特徴や対人関係などを精査し，今後のかかわり方（作業仮説）を検討する。	長期にわたる問題行動や大きな問題行動に対して，あるいは発達障害のある子どもなどへの学習支援や生活支援に，今日欠かせないものとなっている。作業仮説にしたがってアプローチして，反応を見て，それによって作業仮説を修正するなど，経過にしたがって継続する。校内の様々な関係者（管理職，生徒指導主事，特別支援教育コーディネーター，学年団，部活動顧問，養護教諭など）と行うと効果的であり，他職種（スクールカウンセラー，スクールソーシャルワーカー，児童相談所職員，警察の担当者，など）や保護者なども入れて「ケース会議」を行うとさらに効果的である。このように指導を進めることを 2015 年の文部科学省の答申以降「チームとしての学校」（略して「チーム学校」）とよんでいる。

自然観察法
自然科学的観察法
参与観察法
実験観察法
質問紙調査法
面接調査法
検査法
標準化
信頼性
妥当性
作品法
事例研究法
チーム学校

2. 心理検査とは ・・・

(1) 検査法の要件

　ここまでしばしば「検査」という語が登場してきた。検査とは何だろうか。成績をつけるためのテストとはちがうのだろうか。

　全国学力学習状況調査（通称：全国学力テスト）というものが行われており，各学校や自治体単位で全国平均と比較しては一喜一憂している。教育委員会が地方議会で厳しく追及され，そのプレッシャーが学校現場にまで押し寄せる。しかし全国平均との比較には本当に意味があるのだろうか。実は大いに疑問である。得点分布とその重なり具合，そして外れ値の存在を考えれば，平均点だけを比較しても何の意味もないことがわかるはずだ。

　ではどうすれば正当で意味のある比較ができるのか。上がったとか下がったとか，他の集団と比べてどうだとか本当にいえるのはどういうときだろうか。

検査　　それは，そのテストが表4-4の3つの要件，すなわち「標準化」「信頼性」「妥当性」を満たすときである。このときそのテストは「検査」ということができる。検査で得られた値であれば，前回との差（個人内差）や他の子どもとの差（個人間差）は正当で意味のある比較によって数値に現れたといってよい。

　3つの要件とはどのようなことか簡単に説明しておこう。たとえば血液検査でコレステロール値を測るとする。検査者によって測り方がちがっては困るし，得られた値が高いのか低いのかを判断する基準がなければ測った意味がない。基準となる数値は十分な量のサンプルから得られたデータに基づいたものでないと，値が高いとか言われても信用できない（数名の値との比較で高低を決め

標準化　　つけられても困るだろう）。これらを整えることを標準化という。

　ある日に採取した同一の血液を，2回続けて同じ分析機器にかけたとして，値が大きく異なってしまったならその分析機器を信用する気にはなれないだろう。測定値が不安定だからだ。また分析に用いる化学物質にコレステロールに反応する成分とそうでない成分とが混在していてその割合も不明ならば，やはりその値を信用する気にはなれないはずだ。コレステロールを一貫して測って

いるのかおぼつかない。測定値の安定性と一貫性のことを信頼性という。　　　　　　　　信頼性

　コレステロールを測っていたはずなのに血糖値が混在して割合不明の算出となってしまっては何を測ったのだかわからない。的外れな測定ということになる。測ろうとしたものをきちんと測ることができていることを妥当性という。　　妥当性
これら3つが検査といえるための要件だ。

　これらの条件が揃ったとき，能力や成果を正当に比較できる測定ができる。その意味では全国学力テストよりも「標準学力検査」とよばれる一群のものの方が結果の比較検討に適している。

　表中の例には言語理解力という限られた力の測定を用いたが，「文章読解力」のように教科に即した力の測定でも同じであり，よりひろい概念である「国語

●表 4-4　検査法の3つの要件

要件	説明	例（子どもの言語理解力を測定する検査をつくる場合）	
標準化	データを得る方法や手続きが明確に一定の方法として定まっていること。そのうえで基準となる集団の大量サンプルからその方法でデータを得て，比較の手がかりとなる代表値（平均値など）や得点分布指標（標準偏差など）が算出されていること。	いつ誰が行っても同じ手続きで測定できるように方法を明示する。その方法を用いて，注目したい年代の大人数の子どもたちに測定を行う。平均値と標準偏差を算出しておけば，次に測定した1人の子どもが全体のなかでどれだけの力をもっているかを数値として表すことができる（たとえば偏差値を算出するなど）。	標準化
信頼性	測定値の安定性と一貫性のこと。以下の確認法がある。 1. 再検査法 同じ検査を，期間をあけて2回行い，結果の値の相関をみる。 2. 平行法 同じ機能や特性をもっている別の検査を実施して，結果の値の相関をみる。 3. 折半法 その検査の前半と後半などに折半して，相関をみる。 4. 内的整合性の検討 折半法の発展。全ての項目の相関を総合した値（α係数とよばれるものなど）を算出する。	1. 再検査法 開発した検査を同じ子どもたちに期間をあけて2回実施し，得点の相関係数を算出し，高い値であることを確認する。 2. 平行法 言語理解力を測定している別の検査を同じ子どもたちに実施して，その得点との相関係数を算出し，高い値であることを確認する。 3. 折半法 開発した検査を子どもたちに1回実施して，検査の前半の得点と後半の得点をそれぞれ算出し，それらの相関を算出，高い値であることを確認する。 4. 内的整合性の検討 開発した検査を子どもたちに1回実施して，統計ソフトなどでα係数を算出し，十分な値であることを確認する。	信頼性

● 表 4-4　検査法の 3 つの要件（続き）

妥当性	要件	説明	例（子どもの言語理解力を測定する検査をつくる場合）
内容的妥当性	妥当性	1. 内容的妥当性 得られた値が，測定しようとねらった内容を正確に代表しているかどうか検討する。	1. 内容的妥当性 多くの場合，開発した検査を専門家に見せて，判断の一致率が高いことを確認する。
基準関連妥当性		2. 基準関連妥当性 測定結果を他の結果との関連から検討する。以下の 2 つの観点がある。	2. 基準関連妥当性
		①予測的妥当性：得られた値から予測されたとおりの結果が，後日得られているかどうか。	①予測的妥当性：言語理解力の能力が高ければ高得点になるはずの別のテストを，同じ子どもたちに後日実施して相関係数を算出し，十分な値であることを確認する。
		②併存的妥当性：すでに存在している，特性の類似した別の資料との関連が高いかどうか。	②併存的妥当性：別の，言語理解力を測定する検査を同じ子どもたちに実施して相関係数を算出し，適度に高い値であることを確認する。
概念的妥当性		3. 概念的妥当性 理論的に想定された概念（たとえば，「知能とはこのような能力から構成されるはずだ」「国語力とはこれらの能力から成るはずだ」）を，どの程度正しく測定できているか。以下の 3 つの確認法がある。	3. 概念的妥当性：「言語理解力はこのような内容から成り立っているので，測定結果もそのようなものから構成されているはずだ」という理論どおりになっているかどうかをみる。
		①収束的妥当性：同じような構成概念を測定する他の検査との相関が高いことを確認する。	①収束的妥当性：言語理解力と関連の強い能力を測る検査を同じ子どもたちに実施して相関係数を算出し，十分な値であることを確認する。
		②弁別的妥当性：区別されるべき他の概念を測定する検査との相関が低いことを確認する。	②弁別的妥当性：言語理解力と関連の弱い能力を測る検査を同じ子どもたちに実施して相関係数を算出し，無相関，あるいは低い値であることを確認する。
		③因子的妥当性：因子分析という統計的処理を行い，想定した概念が抽出されることを確認する。	③因子的妥当性：開発した検査を子どもたちに実施して統計ソフトなどで因子分析を行い，想定していた概念が因子として抽出されたことを確認する。

力」「学力」などを測定するというのならば，概念的妥当性が非常に重要になることがわかるだろう。後述する「知能」というものの測定をするとなると，これらの条件を満たしていないと偏ったものになってしまう。知能とはどのようなものかという概念の考察からしっかり始めないといけない。

どんな検査でもいえることだが，たとえば知能検査をある子どもに行い IQ83（IQ：Intelligence Quotient「知能指数」。算出法などは後述する）とい

う値が得られたとして，さて，その子どもの知能はIQ83ちょうどであるといってしまってよいであろうか。

たとえば今すぐ50メートル走ってタイムを計って，それが自分の走力だと告げられて，納得できるだろうか。急に言われたから，最近運動をしていなかったからなど，これが本当の力とは限らないという思いが湧くだろう。

測定値というものはそのようなものであり，どれだけよくできた検査であっても，1回の測定値でずばり真の力を測ったといえることはない。調子がよかったのか，悪かったのか。検査者との相性や場の雰囲気はどうだったか，検査直前にどんな出来事があったか，などにも測定値は左右される。

測定値

このように測定値というものは，諸条件に左右されるので真の値と一致するとは限らない。ではどうすれば真の値に近づけるだろうか。すぐに思いつくのは，複数回測定して平均値をとることだが，知能検査にせよ学力検査にせよ1回の測定でも子どもにはそれなりの負荷がかかり，複数回実施するなど無理な相談である。だいいち同じ難易度の異なる問題をつくるのはとても難しい。

真の値

そこで通常次のような方法をとる。ある知能検査では測定値から算出されたIQが83だった場合，真のIQ値は90％の確率で，79から89の間だと推定できることが知られている（真の値が79だったなら，最大限の力をこのときに出せたということであり，真の値が89ならばもっている力が今回は出せなかったということだ）。標準化を行ったときの大量データを統計解析にかけることで，全ての測定値について，真の値がどの範囲になるかがすでに算出されているのだ（信頼区間という）。これを参照することで，その子どもの測定値を基にして真の値に近似することができる。

信頼区間

それにしても，と思うかもしれない。真の値がIQ79から83まで幅があって確率も90％とは知能指数もえらく曖昧なものだと。実際そうなのである。私たちは一度測定値を得てしまうと，レッテルのようにその数値に振り回されてしまう。しかし子どもは可塑性と可能性に満ちており，知能ひとつとっても，得られた数値はこれだけの幅と含みをもったものなのである。実際，私たちとはぐくむ関係や教育や指導次第で，大きく変動する値なのだ。

このことを十二分に心に留めておいてほしい。一度数値を目にしてしまうと，確定値だと思ってしまう。そしてそこから変化しないかのようにその子どもに

対応してしまう。私たちはそれくらい数値に弱い。それを自覚して，むしろ数値というものの理不尽なまでの強烈さから子どもたちの可能性を守るべきだろう。だから統計学的には IQ の測定値が 83 の場合，真の力は 79 程度であり，たまたま調子がよかったのかもしれないとみることもできなくはないのだが，**「少なくとも 83 を出せる力はもっている」**と理解しておくことが教育的である。

次節以降，本格的な心理検査を紹介するが，数値をどう扱うとよいのか，しっかりと心しておいてほしい。

(2) 心理検査の分類

心理検査にはどのようなものがあり，どのように活用できるだろうか。

知能検査
発達検査
パーソナリティ検査

分類の仕方は様々あるが，「知能検査」「発達検査」「パーソナリティ検査」と便宜的に 3 つに分類するのが一般的である。便宜的というのは理論的にきちんと分けたものではなく，重なっているものもあり，開発された順番に並べただけだともいえるからだ。ただ全体像をつかみやすい分類ではある。

個別式検査
集団式検査

実施の方式によって，個別式検査と集団式検査に分けることもできる。心理臨床の現場では個別式がもっぱら重要で，教育の世界でもそうなりつつあるが，一部集団式のものが教育領域には存在し，大きく役立っているものもある。

3. 知能検査 •••

(1) 知能という概念の由来と定義

知能検査

心理検査の 3 分類のうち知能検査について本節では紹介する。

知能と聞くとどのようなことだとイメージするだろうか。「頭のよさ」の仲間のようだが，「勉強の成績が良い」というようなことの背景にありそうでもあり，しかし全くのイコールでもないような気もする。大人が裏をかかれるようないたずらをしでかす子どもや，気の利いたふるまいをすっとできる子どもを見ると，やはり何らかに「頭が良い」のだろうなと感じる。ではそれらの力は「知能」なのか。

結論を先に言うと知能の定義に決定版はない。学者の数だけ定義や理論があ

るといってもよい。なぜそんなことになってしまったのか。そんな状況なのに学校教育とのかかわりが深いのはなぜなのか。それは知能を測定するということがたどってきた歴史に由来している。

　人間の知性をめぐる議論や研究は哲学や生理学などにおいて古くからなされ，知能という用語を使った研究者もいた。しかしそれらの議論が決着し概念が確定してから，それを測る検査をつくったのではなかったのだ。検査という道具ができてから，さて，得られた数値は何だろう，と議論が展開して行ったのだ。奇妙な順番にも見えるが，具体的にはこういうことだ。

　19 世紀（1800 年代）にはヨーロッパ諸国で産業革命によって市民が豊かになり，それを背景に身分制を廃止する市民革命が起き，国民の誰もが望んだ教育を受けて望む仕事をめざせるようになった。初等教育が普通教育として整備され義務化されたのもこのときで（それまでは貴族など特権階級の子どもだけが家庭教師から初等教育を受けることができた），その国に産まれた子ども全員が，一定の年齢に達すると同一のカリキュラムで教育を受けることとなった。

　全員同じ教育を受けているので成果も同じになるはずだ，と素朴に考えたかどうかはわからないが，当然ながらパフォーマンスの振るわない子どもが一定数出てくる。当初彼らはそれを「怠け」のせいだとして厳しく指導したのである。

　しかしすぐにわかるように，そのような指導をしてしまうととても不当で気の毒なことになってしまう子どもたちがいることが知られてきた（現代の感覚では当たり前のことでも，やってみるまでわからないのが人間である）。言うまでもなく，知的な発達に何らかの遅れのある子どもたちである。

　この子どもたちは怠けているとは限らない。一生懸命取り組んだとしても，ある程度以上のパフォーマンスに至らないのだ。知的発達に遅れを抱えているのだから無理もない。ならば，その子どもの発達のスピードに合わせた教育をすればよい。今でいう**特別支援教育の始まり**である。

　そのような特別な教育の課程を用意するのはよいとして，ではどの子どもをその課程に迎え入れ，どの子どもを通常学級に任せればよいか，見分けることが必要になった。19 世紀末，フランス政府は心理学者ビネー（Binet, A.）に，子どもたちを見分ける道具の作成を依頼した。ビネーは弟子の医師シモン

初等教育
普通教育

ビネー
シモン

(Simon, Th.) と共に，子どもが発達にしたがい何歳でどのような物事ができるようになるのかを調査した。身近なものの名称は何歳でどの程度言えるようになるのか，正方形を模写できるようになるのは何歳か，三角形ならば何歳かなど，様々な課題を大勢の子どもに実施し，各年齢でできるようになる順に課題を並べて，何歳相当の課題まで通過できるかをみる検査を完成させた。20世紀初頭のことである。通過できた課題の年齢を mental age，訳して「精神年齢」と名づけた（この語は日本語の語感としては経験を積んだ成熟した人物などを連想させるが，知能検査においてはそのような意味とは全く関係がなく，知的発達の水準だけを指している）。

mental age
精神年齢

　ビネーのつくったこの検査は後に移民の国であるアメリカで大変重宝され，データの蓄積も進んで，スタンフォード大学のターマン（Terman, L. M.）らによって知能指数（IQ：Intelligence Quotient）の算出が可能となった。

知能指数
IQ

　ところがこの数値が出現したことで，あらためてこれは何を測った値といえるのかとの議論が巻き起こり，従来議論されてきた知能であろうとされたのだが，ではその知能とはあらためて何なのか，どのように定義できるものなのか，ビネーの検査課題だけで十分に知能を測定できているといえるのか，など論争は現在でも続いている。

　他方でビネーの開発した方法は使い勝手がよかったので，検査法と精神年齢と知能指数は様々な領域にひろまった。教育，医療，司法などの現場である。ビネーの道具の改良とともに，現場のニーズから新しい検査も開発され，それらをあわせて知能検査と現在よんでいるのである。

　こうして知能とは何かいまだに議論中ではあるが，現在我が国の幅広い現場で用いられている知能検査のシリーズの開発者であるウェクスラー（Wechsler, D.）の定義を紹介しておこう。知能とは「**目的的に行動し，合理的に思考し，環境を効果的に処理するための，個人の総合的・全体的な能力**」である，というのがそれだ。単一の能力ではなく質的に異なる能力から成っているが，それらが総体として知能をなしているとしたのである。単純すぎず煩雑でもない，様々な現場のニーズを反映した，実用的な定義である。

ウェクスラー

(2) 知能に関する偏見

　知能という概念の歴史は常に，**知能に関する誤謬(ごびゅう)による偏見**をともなうものでもあった（優生学という負の歴史を人類は負っており，その影響はいまだに尾を引いていることを忘れてはなるまい）。いまだに聞かれることがあるのは大変残念なことであるが，知能の「生得性（知能が高いか低いかは生まれつき定まっている）」「不変性（幼少期の知能の高低は生涯変わらない）」「遺伝性（知能の高低は遺伝する）」などは全くの誤りであり，反証できる事例をいくつでも挙げることができる。教育に携わる者として，自ら偏見をもたないだけでなく，偏見を発見したら即座に是正するように努めてほしい。人権教育の観点からも非常に重要な事項である。

　近年では行動遺伝学などの発展により遺伝子が脳構造や脳内物質の量などをかなり決定することがわかってきている。しかしどのような脳の性質をもっていても，養育者や教育者が適切に刺激しなければ脳の様々な部位や脳内物質の実際の作動のあり方，つまり脳機能が順調に発達していくことはないし，逆に不適切な養育によって脳の機能だけでなく脳の構造までもが歪められてしまう（脳全体が萎縮していくこともある）ことも知られてきている。教育心理学は従来から，遺伝か環境かという問いに対しては「輻輳性(ふくそうせい)（双方があいまって発達に寄与し，どちらかが決定するとは証明できない）」の立場に立っており，様々な教育活動や臨床的事実からも確認されている。教育者としては後天的な可能性をどこまでイメージして伸ばすことができるかが勝負である。

　知能への偏見とともに，知能検査への偏見も存在する。後に詳述するが，子どもの可能性を見出し生きづらさを減らす手がかりを得るのが検査の目的である。しかし検査を受けること自体をスティグマ（ネガティブなレッテル）と捉え「ちゃんとしてないと『ウィスク』とか，させられちゃうようになるよ」と子どもに言い聞かせる保護者もいるという。悲しいことである。

　しかし子どもは実際に検査を受けてみると，思いのほか「楽しかった」と感想を述べることが多い。というのも知能検査は必ず，その子どもが適度にたやすく解ける問題から順番に出題していく構造になっているからだ。普段の学習活動などで「できない」思いばかりを重ねてきた子どもにとっては「できた」「わ

輻輳性

かった」という体験の積み重ねになるのである。「またあのお勉強したいなぁ」と語る子どもも少なくないのである。

　このように，様々な意味で子どもの助けになるものであることを知っておいてほしい。

(3)　知能検査とその発展

　では具体的に我が国でよく用いられている知能検査を紹介しよう。知能検査には個別式検査と集団式検査があるが，現在教育場面で重要な役割を果たしているのは子どもと対面して行う個別式検査である（表4-5）。

　いずれも海外でつくられた検査であるが，単純に邦訳するのではなく，検査に用いる課題の出題内容も我が国の生活や文化，時代性などを加味して改作・新作し，その課題であらためて大量サンプルからデータをとって標準化したものである。知能検査では日常生活にかかわる事項も調べるので，時代の変化にあわせて質問や課題を更新する改訂がしばしば行われる（たとえば電話という語が指す機械で行うことはこの数十年で大きく変化したので，電話について尋ねる質問が仮にその検査に含まれていたとしたら，それにあわせて改変しないといけない）。本書出版時の最新版を表4-5に記したが今後も改訂されていくであろう。

　ビネーのつくった検査は全体的な発達の状況，すなわち個人間差を見ようとするものだったが，子どもによって得意なことや苦手なことは異なっている。学校では得意なことを活かしながら活動し，苦手なことはどう補うとよいのかを工夫していきたい。ウェクスラーが作成した検査はそのような個人内差をみるものだったので教育現場から強く求められ，時代を追って改訂を重ねている。

　さらに，より教育現場のニーズに沿う形で認知機能を捉えようとする検査がカウフマン夫妻（Kaufman, A. S. & Kaufman, N. L.）によって，発達障害の子どもの個人内差をコンパクトに捉えて支援に活かそうとする検査がダス（Das, J. P.）とナグリエリ（Naglieri, J. A.）によって開発された。特徴などを表4-5に記した。ビネー式の検査も表中に記した優れた特長から，現代でも改訂を重ねられつつひろく用いられている。

　ウェクスラー式の児童用最新版のWISC-Ⅳの検査結果例を図4-3に示す。

● 表 4-5 知能検査とその発展（我が国で多用されているものの最新版：本書出版時現在）

名称	最新版	原作者	内容・特徴
ビネー式	田中・ビネーV	ビネー	暦年齢に相応する知的発達に達しているかどうかを評価する検査である。基本的に個人間差を捉えることを目的としている。実施が簡易で短時間ででき，検査課題が各年代の子どもに親しめるものとなっているので負荷が少なく，発達の遅れや障害のある被検者（検査を受ける人）も取り組みやすい。知能指数は，精神年齢÷暦年齢×100で算出する。
ウェクスラー式	WAIS-IV WISC-IV WPPSI-III	ウェクスラー	知的機能が同年齢の集団のなかでどの程度の位置にあるのかを評価する検査である。個人間差とともに個人内差を捉えることを目的としている。成人用のWAIS（Wechsler Adult Intelligence Scale）が最初につくられ，児童生徒用のWISC（Wechsler Intelligence Scale for Children），幼児用のWPPSI（Wechsler Preschool and Primary Scale of Intelligence）が続いて開発された。どの年齢でも基本的に同一の検査課題を用いるので様々な比較がしやすいが，被検者によってはやや負荷を感じることがある。知能指数は結果の素点を，平均値および中央値が100，標準偏差が15となるように偏差値換算して算出する。
K-ABC (Kaufman Assessment Battery for Children)	日本版 K-ABC II	カウフマン夫妻	子どもがもっている能力を出し切れているかどうかを評価するところに最大の主眼がある。そのために今もっている「認知処理」の力と，学習の成果である「習得度」を測定する。習得度が認知処理得点を大きく下回っていればアンダーアチーバーであり，指導次第で伸びる余地が大きい。習得度が認知処理得点を大きく上回っていればオーバーアチーバーであり，相当頑張っている。さらに認知処理を「継次処理」「同時処理」「学習能力」「計画能力」の4側面から測定し，得意な機能を活かしつつ苦手な機能を補う指導に活かすことができる。
DN-CAS (Das-Naglieri Cognitive Assessment System)	DN-CAS	ダスとナグリエリ	主に発達障害ないしはグレーゾーンの子どもの援助のために，「知能のPASS理論」（プランニング（Planning），注意（Attention），同時処理（Simultaneous processing），継次処理（Successive processing））によって得意な機能と苦手な機能を見極める。学習経験の影響を受けにくい検査課題が工夫されており，比較的短時間で実施することができる。

ビネー式

ウェクスラー式
WAIS
WISC
WPPSI

K-ABC

アンダーアチーバー

オーバーアチーバー

DN-CAS

「全検査IQ」が知能指数であり，知能の内部構造をなす「言語理解」「知覚推理」「ワーキングメモリ」「処理速度」の合成得点も示されている。それぞれ真ん中の点が得点（測定値を偏差値換算したもの）であり，タテ棒で示した範囲が「90％信頼区間」の値，つまり今回の測定結果から90％の確率で推察できる，その子どもの能力の値である。理論上この範囲内のどこかがその子どもの真の力であり，確率的には測定値付近が最も高いということになる。

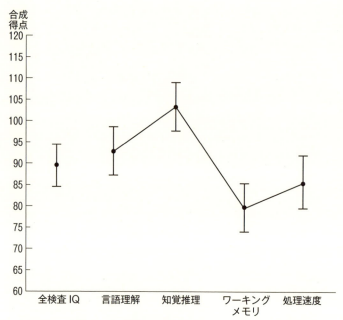

●図 4-3　WISC-Ⅳの検査結果例（前川ら，2013 を元に作成）

　プロフィール図になっていることから，得意な機能と苦手な機能も一目でわかる。特に信頼区間が全く重なっていない箇所には「意味のある差がある」とみなすことができる。図の例でいえば知覚推理とワーキングメモリの間にそれが見られる。

　逆に言語理解と処理速度は測定値に差があっても信頼区間がかなり重なっているので，たまたま今回こうなったが別の日に測定すれば言語理解がもっと低い値を，処理速度がもっと高い値を示し，実質的な差がない可能性もなくはない。

　この子どもの場合，知覚推理に優れ，ワーキングメモリが機能しにくい。一度に多くの指示を与えてしまうと覚えきれずに混乱するかもしれない。そこで得意な機能が知覚推理であり，聴覚より視覚の方が物事を捉えやすいことを活かして，指示や手順を視覚的に，板書やボード，図表や写真などを活用して順番に示していくとよいだろう，という作業仮説が立つ。

このようにして現場での援助に検査が役立てられるわけである。

ところで表中で「**能力**」と「**機能**」という語を用いたが、これまで述べてきたように、測定という行為自体がその日その時を生きている子どもと検査用具とのかまい合いであり、検査者との関係性や雰囲気などにも左右される。測定されたものは、その子どもの内部に明瞭に存在している「能力」というよりも、今回の測定時に「これくらい機能できた」ということである。その意味でも数値にとらわれすぎないことが大切である。このことから近年では「**知的機能**」や「**認知機能**」という語が用いられることが多い。

4. 発達検査 •••

ビネーによって学齢期前後の子どもの知的発達の程度を数値で評価できるようになった。そうなると、より発達早期の乳幼児の段階から発達の程度も数値で見たいと考えるのは自然なことである。こうして「発達指数」（DQ：developmental quotient）を算出しようとして開発されたものが「発達検査法」である。

さらに、発達障害の早期発見のために乳幼児期から詳細に発達の状況を見ていこうとして「発達診断法」がつくられた。

他方でいきなり全ての乳幼児に詳細な検査をする必要もないことから、乳幼児健診などで簡易な検査を行って詳細な検査の対象児を抽出するために「発達スクリーニング法」が開発された。

以上をまとめて発達検査という。

乳幼児の発達を吟味するには知的機能だけでなく、姿勢・運動・探索・操作・理解・言語・対人・生活習慣など多くの領域にわたる発達の様子を総合的に見ていくことが重要となる。どの検査も多面的に構成され、進んでいる側面や遅れている側面などを見ていくものとなっている。

現在我が国で最も用いられているものを表4-6にひとつずつ示した（正式名称が似ているので臨床現場では開発者の名前で「津守式」「遠城寺式」などと通称されることが多い）が、生活に即した質問項目も多いため、やはり時代の変化にあわせて近年新たに多くの発達検査が開発されている。

注意が必要なのは、あくまでも今の状況を見ただけであり、今遅れているか

●表 4-6　我が国で多用されている発達検査（本書出版時現在）

	分類	名称	原作者	内容・特徴
新版K式発達検査	発達検査法	新版K式発達検査	京都市児童福祉センター	Kとは京都の頭文字である。乳幼児と様々な所定の用具でかかわりあいながら何か月相当の課題まで通過できたかをみる。
乳幼児精神発達診断法	発達診断法	乳幼児精神発達診断法	津守真・稲毛教子,津守真・磯部景子	養育者へのインタビューを,各領域に詳細に設けられた項目にしたがって行い,プロフィール図「発達輪郭表」を作成する。
乳幼児分析的発達検査法	発達スクリーニング法	乳幼児分析的発達検査法	遠城寺宗徳	簡易な表に示された事項を乳幼児がどこまでできるか観察するものだが,現場ではさらに簡易に養育者への問診でチェックすることも多い。

ら将来も遅れるというような予測ができるようなものでは全くないということである。乳幼児の成長力を引き出すために，どの面をどのように刺激していくとよいのか，養育者が希望ある見通しとアイデアとを得るために検査をするのである。

なお文献によってはビネー式やウェクスラー式の知能検査を「発達検査」に挙げているものもあるが，子どもの発達の程度をみることができるので，その記述も間違いではない。だが発達検査として独自のものとしては，まずは表中のものをおさえておこう。

母子手帳　これらの他に，教師として子どもの発達が気になったときに実用的なのが，いわゆる「母子手帳」（法律上の名称は「母子健康手帳」）である。これを見せてもらうだけでも発達や養育の様子がかなり見えてくる。

5. パーソナリティ検査

(1) 質問紙法

パーソナリティの特徴を捉えようとする検査は非常に多種多様なものが開発されてきた。これらはデータを得る方法によって3分類されることが多い。「質問紙法」「作業検査法」「投映法（投影法）」である。

まず質問紙法である。

1章でパーソナリティ理論の特性論を学び，そこでもふれたが，あらかじめ

● 表 4-7　代表的な質問紙法によるパーソナリティ検査

名称	原作者	特徴
Y-G性格検査（矢田部・ギルフォード性格検査）	ギルフォードの特性論を基に矢田部達郎が開発	120項目から12の性格特性（抑うつ性，客観性，攻撃性など）を測定。プロフィールのパターンから5つの性格類型を捉えることができる。質問紙によるパーソナリティ検査のうち，我が国で最も多く用いられているものである。
MMPI（ミネソタ多面人格目録）	ミネソタ大学のハサウェイ（Hathaway, S. R.）とマッキンリー（McKinley, J. C.）	アメリカで最も多く用いられているものである。精神医学的診断が当初の目的。550の項目によって10の臨床尺度（心気症，ヒステリー，パラノイアなど）と4つの妥当性尺度がもうけられている。妥当性尺度（疑問尺度など）により，後述する質問紙法のデメリットをある程度克服し，受検態度を明らかにすることができる。
16PF人格検査	キャッテル	因子分析で抽出した因子を基に構成した16のパーソナリティ特性を測定する。
MPI（モーズレイ人格検査）	アイゼンク	「外向性-内向性」次元の尺度と「神経症傾向」の尺度から成る。
エゴグラム	バーン（Berne, E.）の交流分析理論を基にデュセイ（Dusay, J. M.）が開発	交流分析理論では図4-4のように人間には5つの自我状態があると仮定する。それらの強弱をプロフィールに表し，自己理解などに役立てる。「状態」とあるように，バランスがよくなるように変化させやすい値を測定している。

質問紙に記された質問項目に回答し，パーソナリティ特性を表す尺度ごとに合計点などを算出することで，パーソナリティ特性のプロフィール図を得ることができる。各特性の強弱を知るとともに，プロフィール図のパターンを類型化して類型論的に解釈することができるものもある。主なものを表4-7に示した。

以上のなかで学校場面でも使いやすいのは，図解したエゴグラムである。各年代用のものも市販されている。図4-4に示した5つの「自我状態」について，図4-5に例示したようなプロフィールが得られる。

この例の子どもの場合，CPが高いので自他に厳しく，FCが低いので伸びやかでなく，その状態でACが高いので周りの目を気にしてそれに合わせようとする傾向が強そうである。そうなると自分を責めたり葛藤を内心に抱きやすかったりするのではないかと考えられる。

質問紙法のメリットは，実施が簡易でマニュアル化されているので実施や解釈に熟練を要しないこと，集団での実施も容易であること，結果の安定性が高いという意味での信頼性が高いこと，量的比較を個人間でも個人内でも行えることなどが挙げられる。**質問紙法のデメリット**としては，回答者が社会的望ま

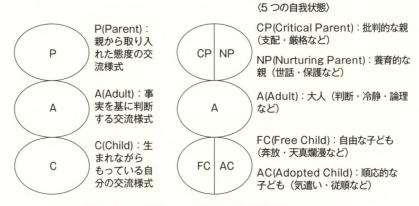

● 図 4-4 エゴグラムの「5つの自我状態」
（東京大学医学部心療内科 TEG 研究会, 2006 などを元に作成）

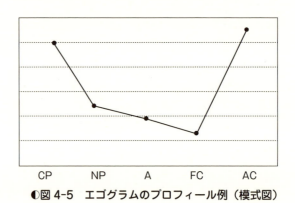

● 図 4-5 エゴグラムのプロフィール例（模式図）

しさを意識するなどして回答を意図的に操作, 歪曲することができること, 回答者の言語理解力に依存していることなどが挙げられる。

　質問紙法で統計的にアセスメントする方法が洗練されるとともに, パーソナリティ以外にも様々なものを捉えようとする質問紙検査が開発され, 発達障害の診断の一助となるようなものもつくられ医療現場などで用いられているが, 本書では学校教育で実用性のあるものや教員採用試験で過去出題されたものを紹介する。表 4-8 のとおりである。

　このうち近年注目されひろく用いられてきているものが我が国オリジナルの

●表 4-8　その他の質問紙法

名称	原作者	内容・特徴
TK式診断的親子関係検査	サイモンズ(Symonds, P. M.)の理論を基に品川不二郎ら	親の態度を「受容的-拒否的」「支配的-服従的」の2次元から捉え、親による自己評定と子どもによる評定によって診断グラフが描かれ、10の類型で捉えられる。
Q-U (Questionnaire Utilities)	河村茂雄	子どもたちの回答結果から、自分の存在や行動が級友や教師から承認されているか否かを示す「承認得点」と、いじめやからかいや冷やかしなどを受けているかどうかを示す「被侵害得点」が算出される。2つの得点の軸を直行させた平面上に、子どもたち一人ひとりを得点にしたがってプロットしていくことで、**学級内での状況を視覚化する**ところにこの検査の中核がある。プロットの分布の形状から学級全体の現状の特徴や今後必要な指導スタイルの指針も得られる。さらにソーシャルスキルを加味した hyper-QU も開発されている。
ソシオメトリック・テスト	モレノ(Moreno, J. L.)	子どもたちに「いっしょに遊びたい人」（選択）「遊びたくない人」（排斥）などを回答させて、選択・排斥の関係を「ソシオグラム」という図に示して集団構造を理解する。子どもの対人関係への影響や人権の観点から、現代では基本的に行われない。

●表 4-9　作業検査法

名称	原作者	内容・特徴
内田クレペリン精神作業検査	ドイツの精神科医クレペリン(Kraepelin, E)の発想を基に内田勇三郎が開発	一桁の数値同士の単純な加算を一定時間、連続して行わせる。その作業量や正確さだけでなく、時間ごとの作業結果の変動から得られる「作業曲線」の形状の様々な特徴からパーソナリティを判定する。

Q-U（Questionnaire Utilities）である。子どもたちの学級適応を個人と集団の両面から捉えることができ、個別指導だけでなく学級全体の指導への指針も得ることができる。

(2) 作業検査法

　質問紙法のデメリットのひとつとして回答を操作、歪曲できることを挙げた。この点を克服する試みのひとつが作業検査法である。被検者に単純作業をさせ、その様子から所見を得るので、被検者は何によって何が測定されているかを知ることがなく、回答の歪曲が生じない。パーソナリティ検査として用いられるのは基本的に表 4-9 に掲げたものひとつである。

このように工夫された検査だが，時間と労力の割にはパーソナリティのかなり限られた側面しか捉えられない。何を測定されているかわからないことが不安や負担感になる被検者もいる。かつては就労時にさかんに用いられ，コンピュータによる自動診断もできるようになっているが，現在の就職試験では他の検査の方が多用される。教師として出合う機会も少ないであろう。

ベンダー・ゲシュタルト・テスト　文献によってはベンダー・ゲシュタルト・テストという，単純な図形を模写する検査が作業検査法として紹介されていることがある（次項の投映法として紹介される場合もある）。そのようなパーソナリティ検査としての用途がないわけではないが，ほとんどの場合，脳病変や脳損傷あるいは認知症などによる脳機能障害のアセスメントに用いられており，学校教育との関連は強くない。

(3) 投映法（投影法）

作業検査法と同じく，質問紙法のデメリットである回答の意図的歪曲を克服するために，比較的自由度の高い刺激（質問紙検査の質問項目は一義的で自由度が低い）を被検者に与え，自由度の高い反応をさせる（質問紙検査の回答は基本的に択一式で自由度は低い）ことでデータを得るものである。構造化の度合いの低い刺激状況を被検者がどのように捉えて意味づけ，構造化していくかというところにパーソナリティが現れると仮定するものであり，実験観察法に近い面もある。構造化の度合いが低くなる検査ほど何を見られているかわからなくなり，操作や歪曲ができないかわりに不安感や負荷を感じる被検者もいる。得られるデータは基本的に質的なものであり，分類して量的な分析を施すものもあるが，数値の安定性は質問紙法ほどは高くない。基本的には個別式で行われ，検査場面や検査者との関係によって反応が左右される度合いが高く，その関係性をも含めて結果を解釈することが重要となる。被検者の言語能力をあまり要しないものが多く，質的に豊富な情報が得られる可能性がある一方で，解釈して所見を得るには熟達を要する。このように**投映法のメリットとデメリットは，質問紙法とちょうど反対の関係**になる。

なお名称について古くは「投影法」とする文献が多く，精神分析の「投影」概念との関係が検討されたりもしたが，必ずしもその限りではないことから，近年では「投映法」が多く用いられる。代表的なものを表4-10に示した。

これらのうち学校で用いやすいのはSCT（図4-6）と簡単な描画法（バウムテスト〔図4-7〕など）であろう。SCTは教師がオリジナルの項目をつくってよいので，項目の少ない簡易なものを臨機応変に実施できる。描画法は対面で

◐表4-10 投映法（投影法）

名称		原作者	特徴
ロールシャッハ・テスト		ロールシャッハ (Rorschach, H.)	インクのしみを見せて何に見えるか答えさせる。投映法検査の代表格だが学校教育には登場しない。子どもには少年鑑別所などで用いられる。
TAT (Thematic Apperception Test) （主題統覚検査）		マレー (Murray, H. A.) とモーガン (Morgan, C. D.)	ある場面の絵を見せて自由に物語をつくらせる。児童用のものとして動物のキャラクターを主人公にしたCATをベラック (Bellak, L.) らが考案した。子どもにはやはり少年鑑別所などで用いられる。
SCT (Sentence Completion Technique) （文章完成法）		元はエビングハウス (Ebbinghaus, H.) が知能検査の一部として考案	途中まで書かれた文の続きを自由に書かせる（図4-6）。刺激となる途中までの文章は自由に作成してよいので，「私の母は」「私の父は」「私が心配なのは」など教師が子どもたちについて知りたいことを織りまぜて作成して活用できる。
PFスタディ		ローゼンツァイク (Rosenzweig, S.)	様々な欲求不満場面を線画で示し，登場人物がどのように言うと思うか，セリフを書かせる。困難などへの態度や姿勢が反映される。
描画法			ある題材について絵を描かせ，その特徴からパーソナリティを見る。発達特性も反映される。題材は多数あるが，代表的なものを以下に示した。バウムテストやKFDは学校教育でも実施しやすく有用性が高い。
	バウムテスト	コッホ (Koch, K.)	「実のなる樹」を描かせる（図4-7）。ただ単に「樹を描いてください」と教示する「樹木画」もある。自己イメージが反映される。
	DAM	元はグッドイナフ (Goodenough, F. L.) が知能検査として考案	Draw a Man という教示の頭文字が検査名になった。知能検査として考案されたが，投映描画法のパーソナリティ検査として利用することが主となった。やはり自己イメージが反映される。
	HTP	バック (Buck, J. K.)	「家 (House)」「樹 (Tree)」「人 (Person)」をそれぞれ1枚ずつ紙に描かせる。1枚の紙に3つをあわせて描かせる「統合型HTP」もある。自己イメージを多面的にみる。
	KFD (Kinetic Family Drawing) （動的家族画）	バーンズ (Burns, R. C.) とカウフマン (Kaufman, S. H.)	「あなたを含めて，あなたの家族みんなが何かしているところを描いてください。棒人間ではなく丁寧に描いてください」と教示する。家族関係や家族メンバーへの思いをみることができる。
	風景構成法	中井久夫	「川」「山」などの10のアイテムを順に教示して描かせる。風景の構成度などから発達の特徴や自己イメージ，心的エネルギーの状態や状況との関係性，先行きへの思いなどをみる。

行うか，教室で一斉に行うならば子ども同士の相互作用が起きないよう（その影響が大きく出てしまうので）静かで落ち着いた雰囲気でじっくり取り組めるようにして行うとよい。

```
1. 私はよく人から ＿＿＿＿＿＿＿＿＿＿＿＿
2. 私の家族は ＿＿＿＿＿＿＿＿＿＿＿＿＿＿
3. 将来の夢は ＿＿＿＿＿＿＿＿＿＿＿＿＿＿
```
項目は自由に作成してよい

◐図 4-6　SCT の例

左下に偏って描かれており，引っこみ思案な様子がうかがわれる

◐図 4-7　バウムテストの例

6. 心理検査を活用するために

(1) テスト・バッテリー

　ここまで様々な心理検査を見てきたが，ひとつの検査だけでその子どもの全体像を確実に捉えることはできないということも感じられたであろう。「実のなる樹」の絵などは時と場合で異なる絵になってしまいそうだ（自由度が高い分，構成度が低く，結果の安定性が低いのだ。それでもこれを用いるのは，「可能性」を捉えたいからだ）。質問紙法だけだと限られたことが量的にわかるだけで格好つけて回答したかどうかもわからない（結果の数値は安定しているが）。

　そこで前節で学んだことを思い出そう。質問紙法のメリットとデメリットは，投映法のメリットとデメリットと逆の関係にある。つまりそれぞれの検査は図4-8に示したような反比例曲線上の位置関係にあるのだ（なお図の引用元の文献では各検査について「厳密な位置ではありえない」としつつではあるが，知能検査を質問紙法のさらに右下に位置づけており，個別式検査では面接法的側

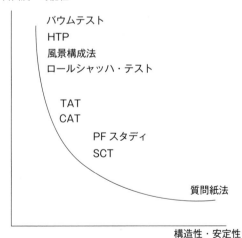

●図4-8　心理査定技法の位置関係（皆藤（編），2007より一部改変）

面が強くなることを反映していない。図4-8でいえば右下から中央付近，SCTの辺りまでは少なくともカバーしている。検査者の腕前次第ではさらに左上をカバーすることができる）。

　そこで複数の，性質のちがう検査を組み合わせてみる。学校の児童生徒ならば，たとえば質問紙法からエゴグラムを，投映法からは自作の簡易なSCTとバウムテストを選んで組み合わせて実施すると，一方で安定度が高く確実性のあるデータが質問紙法から得られ，他方で質問紙法では捉えられない，可能性のある所見が投映法から得られ，かなり豊かな子ども理解の手がかりを得ることができる。

テスト・バッテリー　このような性質の異なる検査の組み合わせをテスト・バッテリーという。性質の異なるものを組み合わせて実施することが重要で，質問紙法ばかりを複数行っても意味は薄い。異質のものを相補的に用いることに意味がある。

　テストをバッテリーで用いることよって，たとえば質問紙法では元気よさそうな回答を選択していた子どもが，バウムテストでは小さく弱々しい樹を描いたりするという一見矛盾するようなことにも遭遇するが，このようなときにこそバッテリーを組んだ意義が発揮される。元気のいい子どもだと見られたいのだが，実際にはなかなかエネルギーが出ないのかもしれない。重層的な仮説が立つ。

　知能検査とパーソナリティ検査のバッテリーも有効である。たとえば知能検査をした際にバウムテストも実施しておく。2人の子どもから同じIQ87という値が得られたとしても，1人の子どもの描いた樹は大きく，もう1人は小さかったとするならば，数値の意味合いも変わってくる。大きい樹を描いた子どもは，かなり力を発揮した状態でその値なのであろう。小さい樹を描いた子どもは，もう少し伸びやかになってくるとより高い値を示すだけの伸びしろをもっているのかもしれない。

　複眼で見ることが大切だと，子どもとかかわるときには言われるだろう。心理検査においてもそれは同じなのである。

(2) いくつかの留意事項

　心理検査全体のアウトラインを学んできた。
　しかし大切なのは活用して役立てることである。

そのために重要ないくつかの留意事項がある。アセスメントの学びの最後に確認しておきたい。

①測定値の性質を再認識しておく

我々はとにかく数値に弱く，とらわれやすい。本章第2節の(1)「検査法の要件」の箇所で詳説したが，**測定値というもののもつ性質**を再確認しておこう。

測定値は真の値ではない。真の力はある確率である範囲の値にある，と推測できるだけだ（とはいえ推測がつくだけでも大きなことではないか）。

信頼区間という語も学んだ。その意味するところをもう一度復習しておいてほしい。測定値とはそのような含みのある数値なのだ。

どう扱うのが教育的なのかもすでに学んだ。今一度おさえておこう。「測定値までの力は少なくとも出すことができたのだ」と捉えておくことである。

測定値
真の値

信頼区間

②インフォームド・コンセント

どのような検査を行うときも，これから行うのはどういうことで，どういう目的があり，行うとどういうよいことがあるのか，子どもにわかるように，保護者にもわかるようにきちんと説明して，合意を得ておく必要がある。このような「説明と合意」のことを近年はインフォームド・コンセントということが多い。授業の中で行う小テストなどは授業の一環として大仰な説明も合意も要らないが，特別な援助にかかわることを調べようとするのだから，勝手に話を進められてはたまらない。立場を入れ替えればわかるだろう。あくまでもその子どもの学校生活をよりスムーズで，困難を感じることの少ない，より享受できるようなものとするために行うのだ。その思いをしっかりもっていれば，それを子どもに伝わる言葉に置き換える，そして保護者に伝わる言葉に置き換えるだけである。めざすゴールは小難しいものではない。

説明と合意
インフォームド・
コンセント

しかしそこに至るまでには細心の注意を払って一つひとつのステップを確かに行う必要がある。デリケートな事柄だからだ。

たとえば教師である自分から見て，一度検査を受けるとよいのではないかと思ったとする。教師自身がQ-UやSCTなどを実施したいと思うこともあるだろうし，知能検査が必要だと思うならば医療や福祉などの専門機関を紹介する

ことになるだろう。いずれにしても自分ひとりで判断しないことが大切である。特別支援教育コーディネーターやスクールカウンセラーなどにまずは**相談して**みよう。逆に彼らから「検査を受けさせてはどうか」と相談が来るかもしれない。なぜ、どのような目的で検査が必要なのか、まずはこの段階で全員が納得するまで話し合って合意しておく必要がある。学年主任などにも加わってもらうとよい。

合意ができたら、まず管理職に**報告**せねばならない。**承諾**を得て責任の所在を明瞭にする必要があるからだ。また医療機関や福祉機関などを紹介する場合には、地域のなかでどこを紹介するのがよいかということについて、デリケートな**判断に責任を負う**ことができるのも管理職しかいない。相談の段階から管理職に入ってもらうと良い場合も多いであろう。

こうして方針が決定し、実際に検査を受けることを子どもや保護者に提案するときには、まず、彼ら自身が学校生活などで「困っていることがある」「苦労していることがある」ということをもう一度丁寧に対話して気持ちを共有し、「なんとかできるならなんとかしたい」気持ちがあることを確認しておこう。

子どもには子どもの、保護者には保護者の思いがすでにある。まずはそこをきちんと聴いて理解することからだ。カウンセリングの態度と技法の出番である。つまり**カウンセリングとアセスメントとはつながっている**ものなのだ。

「なんとかしたい思い」があるならば助けになることをいろいろやっていきたいと思う、という基本的な気持ちも確かに伝えておこう。そのうえで、**助けになることの候補のひとつとして、検査を受けてみることで今よりうまくいく学校での過ごし方が見つかるかもしれない**、と**選択肢のひとつ**として自分と相手の間の空中に浮かべるイメージで提示するとよい。選択するのは子どもや保護者だ。対処主体として、対処行動のひとつとして選択してもらうのだ。

「一緒に工夫していこう」「一緒に育てましょう」。「**一緒に**」**という雰囲気の共有がカギ**である。「たらいまわしにされた」「見放された」という誤解を生まないためにも。ただでさえ子どもや保護者は心細いのだ。一緒に受診したりできる余裕があるときはそうするにこしたことはない。いずれにしても、検査を受けた後が大切であり、得意な機能や評価できる特性などが必ず見つかっているはずなので、それをまず一緒に共有し、それを活かした活動を考えよう。一

方で，これまでなかなかうまくいかなかったことがあったのは，こういう苦手な機能や場面などがあったからだということも見つかっているはずなので，そこをどうカバーしていくか，一緒に考えていこう。

とにかく「一緒に」がキーワードである。それは検査を受けた後の方が大切で，「ではこうしてみよう」というアイデアについてもきちんと合意してから試していく。**作業仮説**である。うまくできたときはすかさず子どもを評価し，いまひとつの様子が見られたらあらためて話を聴いて，作業仮説を修正していく。このように説明と合意を重ねながら進めているプロセスを，管理職や学年主任，特別支援教育コーディネーターなどに適宜**経過報告**することも大切である。行き詰まりがあったら彼らに相談すればよい。作業仮説を立てる段階から助言が得られるともっとよいであろう。

このようにして一つひとつの段階で丁寧な説明と合意を重ねて実施していくのである。

③援助チームと情報の取り扱い

このように教師ひとりが自分の考えだけで進めていくのではなく，校内の関係スタッフや保護者を交えて作業仮説を検討し，合意しながら進めていくあり方は，いわばその子どもを援助するためにチームを組んで援助するようなものである。

実際に「援助チーム」という用語がある（石隈，1999）。「チーム学校」という用語もすでに学んだ。そのような意識で取り組み，チームワークよく進めていくことである。「報告・連絡・相談」をタイミングよく行っていこう。**情報連携**が欠かせない。適切なタイミングで**ケース会議**などを行うとしっかりとした援助ができる。

医療機関や福祉機関などに検査をしてもらった場合，その結果が「**検査報告書**」という形で送付されてくるか，先方自身が持参して説明に来る。あるいは保護者が持参してくるかもしれない。一見して何のことなのかわからないことも書いてあるだろう。専門家ではないのだからそれでよく，すぐに率直にわかりやすい説明を求めればよい。そして今後どういう方針で教育活動を行えばよいのか，助言を求めるとよい（よく練られた報告書にはそのことまで具体的に

援助チーム
チーム学校

書いてあるものである)。保護者が持参したときは，あらためて一緒に読んでみて，お互いに消化不良になっている箇所や事項がないか，確かめておこう。不明点がもしあるのならば，やはり先方の機関に問い合わせればよい。

集団守秘義務　こうして援助チームは様々な情報を手にすることになるのだが，集団守秘義務の重要性も再確認しておこう。チームが大きくなるほどエネルギーが要ることもすでに学んだとおりである。

④作業仮説の補助的資料である

　こうして検査結果を受けて，援助チームで子どもの現状やその他の情報とあわせて検討し，合意された作業仮説でもって援助に動き出した段階で，心理検査の結果は補助的資料の位置に，すでに位置取りを替えているはずである。この先の援助の過程全体を通してその位置が変わることはない。変化を量的に確認するために心理検査を再度行うことがあってもよいが，それもまずは学校生活のなかで「お，変わってきたな」「伸びてきたね」という感覚が得られて，チームの中でも同じ感覚を共有できたうえで，確認の意味で行うことである。

　体温計の数値を見てから「ああ，熱があるなあ」と感じる人はいないだろう。「なんだか悪寒がする。熱っぽいな」と生身で感じてから，「一体熱は何度くらいあるんだろう」と体温計を手にするだろう。心理検査を用いるのもそれと同じことである。

　このようにして子どもたちへの心理援助を，作業仮説を更新しながら行っていく，言葉を変えれば常に様々な手段でアセスメントしながら援助を行っていくなかで，心理検査は補助的な位置を占めていくのである。

　学校教育のなかでの心理検査とはこのように補助的なものなのである。であるのだが，心理検査に関する知識は，本書で扱ったなかでもピアジェやエリクソンの理論，精神分析の防衛機制などと並んで教員採用試験対策のなかで出合うことが多い。それはそれとして対策しつつ，生きた活用のあり方を現場で身につけていっていただきたい。

　このことは1章から学んできた様々なツールにもいえることである。

大事なのはツールではなく，そこにいる子ども自身である。
私たちも生身でかかわり，生身で感じて子どもを理解していこう。
そこが全ての心理援助の出発点であり，めざし続けるところなのである。

もっと学びたいあなたのために

　本書は教員養成課程向けの教科書として書かれたため，発達障害や精神疾患などを正面から取り上げ，体系的に詳説することをしなかったし，そこまでの紙幅もなかった。
　これらのことをきちんと学びたいと思われた方のために，以下の2冊を薦めておきたい。

『子どものための精神医学』
　　滝川一廣（2017）　医学書院

『看護のための精神医学（第2版）』
　　中井久夫・山口直彦（2004）　医学書院

　特に前者は，次のような現場で感じる素朴な疑問への応答ともなっている。
「不登校はどうして増えてしまったのだろう」
「いじめが問題になったのはいつからなのだろう」
「児童虐待が増えているのはなぜだろう」
「発達障害が注目されているが，そもそも発達障害の子どもが増えてきたのだろうか」
「少年犯罪は本当に凶悪化しているのだろうか」

　教師になるまでに読んでおかねばならないものではないが，教師になるときに1冊手もとに置いておくとよいであろう。
　教壇に立って何年か経つうちに，心中にいろいろな疑問が折り重なってくるはずだ。
　そのときに手に取ってみると，目から鱗が落ちる思いがするにちがいない。
　学び続け進化し続ける教師としての歩みに期待する。

引用・参考文献

1章

Allport, G. W. (1937). *Personality: a Psychological Interpretation*. New York: Holt, Reinhart & Winton. 詫摩武俊・青木孝悦・近藤由紀子・堀　正（共訳）(1982). パーソナリティ―心理学的解釈　新曜社

土居健郎（1992）．新訂 方法としての面接　医学書院

Freud, S. (1933 [1932]). *Newe Folge der Vorlesungen zur Einführung in die Psychoanalyse*. Wien: Internationaler Psychoanalytischer Verlag. 懸田克躬・高橋義孝（訳）(1971). フロイト著作集Ⅰ―精神分析入門（続）(pp.385-536)　人文書院

Gendlin, E. T. (1961). Experiencing: A variable in the process of therapeutic change. *American Journal of Psychotherapy*, 15, 233-245. 村瀬孝雄（編訳）(1966). 体験過程と心理療法 (pp.19-38)　牧書店

Gendlin, E. T. (1981). *Focusing* (2nd ed.). New York: Bantam Books. 村山正治・都留春夫・村瀬孝雄（訳）(1982). フォーカシング　福村出版

井口善生（2018）．オペラント条件づけ―基礎理論を学ぶ　臨床心理学, 18 (1), 7-11.

神田橋條治（1990）．精神療法面接のコツ　岩崎学術出版社

神田橋條治（1997）．対話精神療法の初心者への手引き　花クリニック神田橋研究会

神田橋條治（2016）．治療のための精神分析ノート　創元社

小谷英文（編著）（1993）．ガイダンスとカウンセリング―指導から自己実現への共同作業へ　北樹出版

久能　徹・末武康弘・保坂　亨・諸富祥彦（1997）．ロジャーズを読む　岩崎学術出版社

桑原知子（1999）．教室で生かすカウンセリング・マインド　日本評論社

ジェームス・ストレイチー　北山　修（監訳）（編集）（2005）．フロイト全著作解説　人文書院

前田重治（1985）．図説臨床精神分析学　誠信書房

村山正治（監修）本山智敬・坂中正義・三國牧子（編著）（2015）．ロジャーズの中核三条件〈一致〉カウンセリングの本質を考える　創元社

二宮克美・浮谷秀一・堀毛一也・安藤寿康・藤田主一・小塩真司・渡邊芳之（編）（2013）．パーソナリティ心理学ハンドブック　福村出版

日本心理臨床学会（編）（2011）．心理臨床学事典　丸善出版

小川俊樹・倉光　修（編著）（2017）．臨床心理学特論　放送大学教育振興会

岡村達也（2007）．カウンセリングの条件―クライアント中心療法の立場から　日本評論社

小此木啓吾（編集代表）（2002）．精神分析事典　岩崎学術出版社

大山泰宏（2009）．新版人格心理学　日本放送出版協会

Rogers, C. R. (1951). *A Theory of Personality and Behavior: Client-centered Therapy*. Boston: Houghton Mifflin. 保坂　亨・諸富祥彦・末武康弘（共訳）(2005). 人格と行動についての理論　クライアント中心療法―ロジャーズ主要著作集2 (pp.316-359)　岩崎学術出版社

Rogers, C. R. (1957). The Necessary and Sufficient Conditions of Therapeutic Personality Change. *Journal of Consulting Psychology*, 21, 95-103. 伊東　博（編訳）(1966). セラピーによるパーソナリティ変化の必要にして十分な条件　伊東　博・村山正治（監訳）(2001). ロジャーズ選集（上）―カウンセラーなら一度は読んでおきたい厳選33論文 (pp.265-285)　誠信書房

佐治守夫・飯長 喜一郎 (編) (1983). ロジャーズ クライエント中心療法 有斐閣
佐治守夫・岡村達也・保坂 亨 (1996). カウンセリングを学ぶ―理論・体験・実習 東京大学出版会
詫摩武俊・鈴木乙史・清水弘司・松井 豊 (編) (2000). 性格の理論 シリーズ・人間と性格 第1巻 ブレーン出版
外林大作・辻 正三・島津一夫・能見義博 (編) (1981). 誠信心理学辞典 誠信書房
友久久雄 (1999). カウンセリングとは 友久久雄 (編著) 学校カウンセリング入門 (pp.3-44) ミネルヴァ書房
辻岡美延 (1965). 新性格検査法―Y-G 性格検査実施・応用・研究手引き 竹井機器工業株式会社
氏原 寛・亀口憲治・成田善弘・東山紘久・山中康裕 (共編) (2004). 心理臨床大事典 改訂版 培風館
吉田 稔 (2004). Freud の言葉を考え直す――ドイツ語学習者の観点から見た「想起,反復,徹底操作」 心理臨床学研究, 22 (4), 358-369.

2章

会沢信彦・岩井俊憲 (2014). 今日から始める学級担任のためのアドラー心理学―勇気づけで共同体感覚を育てる 図書文化社
Gendlin, E. T. (1961). Experiencing: A variable in the process of therapeutic change. *American Journal of Psychotherapy*, 15, 233-245. 村瀬孝雄 (編訳) (1966). 体験過程と心理療法 (pp.19-38) 牧書店
Gendlin, E. T. (1981). *Focusing* (2nd ed.). New York: Bantam Books. 村山正治・都留春夫・村瀬孝雄 (訳) (1982). フォーカシング 福村出版
金原俊輔 (2015). カウンセリング・マインドという概念および態度が日本の生徒指導や教育相談へ与えた影響―主に問題点に関して 長崎ウエスレヤン大学地域総研紀要, 13 (1), 1-12.
神田橋 條治 (1990). 精神療法面接のコツ 岩崎学術出版社
神田橋 條治 (1992). 治療のこころ―巻一・対話するふたり 花クリニック神田橋研究会
神田橋 條治 (1994). 追補精神科診断面接のコツ 岩崎学術出版社
片山紀子 (2014). 新訂版入門生徒指導―「生徒指導提要」から「いじめ防止対策推進法」まで 学事出版
河合隼雄 (1967). ユング心理学入門 培風館
今野義孝 (2005). とけあい動作法―心と身体のつながりを求めて 学苑社
小貫 悟・東京 YWCA ASCA クラス (2009). LD・ADHD・高機能自閉症へのライフスキルトレーニング 日本文化科学社
桑原知子 (1999). 教室で生かすカウンセリング・マインド 日本評論社
前林清和 (編) (2016). 教師を目指す人のためのカウンセリング・マインド 昭和堂
文部科学省 (2010). 生徒指導提要 教育図書
文部科学省教職課程コアカリキュラムの在り方に関する検討会 (2017). 教職課程コアカリキュラム 文部科学省 http://www.mext.go.jp/b_menu/shingi/chousa/shotou/126/houkoku/1398442.htm (2018年5月16日閲覧)
永江誠司 (2016). アドラー珠玉の教え―自分の人生を最高に生きる 77 のヒント 講談社
成瀬悟策 (2007). 動作のこころ 誠信書房
日本心理臨床学会 (編) (2011). 心理臨床学事典 丸善出版
岡本泰弘 (2017). いじめや不登校から生徒を救え!!―実践"ロールレタリング" 北大路書

房

Prochaska, J. O., & Norcross, J. C. (2007). *Systems of Psychotherapy: A Transtheoretical Analysis* (6th ed.). Thompson. 津田　彰・山崎久美子（監訳）(2010). 心理療法の諸システム—多理論統合的分析　第6版　金子書房

Rogers, C. R. (1957). The Necessary and Sufficient Conditions of Therapeutic Personality Change. *Journal of Consulting Psychology*, 21, 95-103. 伊東　博（編訳）(1966). セラピーによるパーソナリティ変化の必要にして十分な条件　伊東博・村山正治（監訳）(2001). ロジャーズ選集（上）—カウンセラーなら一度は読んでおきたい厳選33論文（pp.265-285）　誠信書房

佐治守夫・飯長　喜一郎（編）(1983). ロジャーズ クライエント中心療法　有斐閣

佐治守夫・岡村達也・保坂　亨（1996). カウンセリングを学ぶ—理論・体験・実習　東京大学出版会

滝　充（編著）(2000). ピア・サポートではじめる学校づくり 中学校編—「総合的な学習の時間」を活かす生徒指導カリキュラム　金子書房

外林大作・辻　正三・島津一夫・能見義博（編）(1981). 誠信心理学辞典　誠信書房

氏原　寛・亀口憲治・成田善弘・東山紘久・山中康裕（共編）(2004). 心理臨床大事典　改訂版　培風館

梅永雄二（監修）(2015). 健康ライブラリー　15歳までに始めたい！発達障害の子のライフスキル・トレーニング　講談社

3章

相川　翼（2017). 自閉症の哲学—構想力と自閉症からみた「私」の成立　家伝社

東　洋・大山　正・詫摩武俊・藤永　保（編集代表）(1973). 心理用語の基礎知識　有斐閣

東　洋・繁多　進・田島信元（編集企画）(1992). 発達心理学ハンドブック　福村出版

遠藤辰雄（編）(1981). アイデンティティの心理学　ナカニシヤ出版

Erikson, E. H. (1959). *Identity and Life Cycle*. Psychological Issues Vol. I No. 1. Monograph 1. New York: International Universities Press. 小此木　啓吾（編訳）(1973). 自我同一性　アイデンティティとライフサイクル　誠信書房

平島　奈津子（2018). 特集のねらい—「愛着障害」の流布と, 概念の混乱　精神療法, 43(4), 463-466.

堀　洋道（監修）・山本眞理子（編）(2001). 心理測定尺度集Ⅰ—人間の内面を探る〈自己・個人内過程〉　サイエンス社

保坂　亨（2010). いま、思春期を問い直す—グレーゾーンにたつ子どもたち　東京大学出版会

保反　亨・岡村達也（1989). キャンパスエンカウンターグループの発達的治療的意義の検討　心理臨床学研究, 4(1), 17-26.

市川千秋・工藤　弘（2017). 不登校は必ず減らせる—6段階の対応で取り組む不登校激減法　学事出版

数井　みゆき・遠藤利彦（編）(2005). アタッチメント—生涯にわたる絆　ミネルヴァ書房

近藤清美（1993). 乳幼児におけるアタッチメント研究の動向とQ分類法によるアタッチメントの測定　発達心理学研究, 4(2), 108-116.

子安増生（編著）(2011). 新訂発達心理学特論　NHK出版

前田重治（1985). 図説臨床精神分析学　誠信書房

前田重治（1994). 続図説臨床精神分析学　誠信書房

増田健太郎（編）(2016). 学校の先生・SCにも知ってほしい—不登校の子どもに何が必要

か　慶応義塾大学出版会
無藤　隆・岡本祐子・大坪治彦（編）(2009)．よくわかる発達心理学　第2版やわらかアカデミズム　ミネルヴァ書房
永江誠司（編著）(2013)．キーワード 教育心理学—学びと育ちの理解から教員採用試験対策まで　北大路書房
奈良勝行 (2010)．OECDコンピテンシー概念の分析と一面的「PISA型」学力の問題点　和光大学現代人間学部紀要, 3, 77-98.
仁平義明 (2015)．「自尊感情」ではなく「自尊心」が"Self-esteem"の訳として適切な理由—Morris Rosenbergが自尊心研究で言いたかったこと　白鷗大学教育学部論集, 9(2), 357-380.
二宮克美・浮谷秀一・堀毛一也・安藤寿康・藤田主一・小塩真司・渡邊芳之（編）(2013)．パーソナリティ心理学ハンドブック　福村出版
尾形和男（編著）(2006)．家族のかかわりから考える生涯発達心理学　北大路書房
恩田　彰・伊藤隆二（編）(1999)．臨床心理学辞典　八千代出版
Piaget. J. (1970). Piaget's theory. P. H. Mussen (Ed.). *Carmichael's manual of child psychology (3rd ed.). Vol. 1.* New York: John Wiley & Sons. (pp.703-732)　中垣　啓（訳）(2007)．ピアジェに学ぶ認知発達の科学　北大路書房
坂野雄二・菅野　純・佐藤正二・佐藤容子 (1996)．臨床心理学　有斐閣
Stern, D. (2004). *The Present Moment in Psychotherapy and Every Life.* New York: W. W. Norton & Company.　奥寺　崇（監訳）(2007)．プレゼントモーメント—精神療法と日常生活における現在の瞬間　岩崎学術出版社
滝川一廣 (2017)．子どものための精神医学　医学書院
滝川一廣 (2018)．精神発達をどう捉えるか　臨床心理学, 18 (2), 138-142.
田中英高 (2016)．起立性調節障害が引き金となる不登校　増田健太郎（編）．学校の先生・SCにも知ってほしい—不登校の子どもに何が必要か (pp.146-165)　慶応義塾大学出版会
鑪幹八郎 (2002)．アイデンティティとライフサイクル論　鑪幹八郎著作集I　ナカニシヤ出版
寺崎恵子 (2016)．第二の誕生と教育　聖学院大学論叢, 29 (1), 1-16.
氏原　寛・亀口憲治・成田善弘・東山紘久・山中康裕（編）(2004)．心理臨床大事典　改訂版　培風館
氏家達夫・陳　省仁 (2011)．発達心理学概論　NHK出版
山口貴史・細金奈奈 (2018)．反応性愛着障害と脱抑制型対人交流障害（DSM-5）の概念と診断　精神療法, 43 (4), 486-491.

4章

東　洋・大山　正・詫摩武俊・藤永　保（編）(1970)．心理学の基礎知識　有斐閣
Engel, G. (1977). The need for a new medical model: A challenge for Biomedicine. *Sience*, **196**, 129-136.
石隈利紀 (1999)．学校心理学—教師・スクールカウンセラー・保護者のチームによる心理教育的援助サービス　誠信書房
皆藤　章（編）(2007)．よくわかる心理臨床　ミネルヴァ書房
神田橋條治 (1997)．対話精神療法の初心者への手引き　花クリニック神田橋研究会
河村茂雄・小野寺正己・粕谷貴志・武蔵由佳 (2004)．Q-Uによる学級経営スーパーバイズ・ガイド—中学校編　図書文化社

久世敏雄（編）(1988)．教育の心理　名古屋大学出版会
前川久男・梅永雄二・中山　健（2013）．発達障害の理解と支援のためのアセスメント　日本文化科学社
松原達哉（編著）(2002)．臨床心理学　ナツメ社
中村淳子・大川一郎（2003）．田中ビネー知能検査開発の歴史　立命館人間科学研究, 6, 93-111.
二宮克美・浮谷秀一・堀毛一也・安藤寿康・藤田主一・小塩真司・渡邊芳之（編）(2013)．パーソナリティ心理学ハンドブック　福村出版
小川俊樹・倉光　修（編著）(2017)．臨床心理学特論　放送大学教育振興会
大村彰道（編）(2000)．教育心理学の技法　シリーズ・心理学の技法　福村出版
東京大学医学部心療内科 TEG 研究会（編）(2006)．新版 TEG Ⅱ　解説とエゴグラム・パターン　金子書房
上野一彦・海津亜希子・服部美佳子（編）(2005)．軽度発達障害の心理アセスメント―WISC-Ⅲの上手な利用と事例　日本文化科学社
氏原　寛・亀口憲治・成田善弘・東山紘久・山中康裕（共編）(2004)．心理臨床大事典　改訂版　培風館

索 引

●あ
アイゼンク　7, 119
IQ　112
愛着障害　65
愛着ジレンマ　60, 65
あいづち　43, 45
アイデンティティ（自我同一性）の確立
　　　対 拡散　82
Iメッセージ　48, 91
アクスライン　50
アサーショントレーニング　52
アタッチメント（愛着）　59, 63
アドラー　22
アニミズム　66
アパシー・シンドローム　96
甘え　59
アンガーマネジメント　52
安全基地　59, 65, 96
安心と安全の欲求　24
アンダーアチーバー　115
アンナ・フロイト　50

●い
言い換え　46
移行対象　90
意識　14
1語文　68
一致　28, 72
イド　16
因子分析　7, 108, 119
インフォームド・コンセント　127
インプリンティング　59

●う
ウィーン　14
ヴィゴツキー　67, 68
WISC　115
ウィニコット　64, 90
WPPSI　115
ウィリアムソン　33
WAIS　115
ウェクスラー　112, 114, 115
ウェクスラー式　115
ウォルピ　12
内田クレペリン精神作業検査　121
うなずく　43

●え
HTP　123
エインズワース　64
エクスポージャー　11, 12
エゴグラム　119, 126
エス　16, 20, 21
SCT　123
エディプス・コンプレックス　87
エビングハウス　123
MMPI（ミネソタ多面人格目録）　119
MPI（モーズレイ人格検査）　7, 119
エリクソン　79, 81, 84, 88
エリス　13
エンカウンターグループ　33, 52
援助資源　38
援助チーム　129

●お
オーストリア　14
オーバーアチーバー　115
オープン・クエスチョン　46
置き換え　19
オペラント条件づけ　10
オルポート　2, 7

●か
解決志向療法　50
外言　68
外向型　5
解釈　18

概念的妥当性　108
回避-回避型葛藤　91
快楽原則　16
カウンセラーの3条件　27, 30, 31, 52
カウンセリング・マインド　39, 40
学習　9
学習理論　2, 4, 8, 9, 10, 23
家族療法　50
価値類型論　5
過敏性腸症候群　93
カルフ　50
ガレノス　5
感覚運動期　66
感覚過敏　58
関係の発達　54, 58, 59, 61, 68
慣習的水準　76
感情のリード　45
緘黙　89, 90

●き
気質類型論　5
基準関連妥当性　108
基本的信頼 対 不信　80
逆転移　18
キャッテル　7, 119
character　4
ギャングエイジ　73
ギャング・グループ　74
Q-U　121
教育機会確保法　97
強化　10, 11
境界人　71
境界知能　77
強化子　9, 10
共感的理解　27, 29, 30, 31, 32, 38
教職課程コアカリキュラム　40
共同遊び　73
共同体感覚　49
共同注視　41, 58, 68
局所論　14, 16, 20

起立性調節障害　92
ギルフォード　7, 119
均衡化　66
勤勉性 対 劣等感　81

●く
クーイング　68
具体的操作期　66
グッドイナフ　123
クライン　50
繰り返し　45
グループアプローチ　51, 52
クレッチマー　5
クローズド・クエスチョン　46

●け
経験　24
形式的操作期　66
系統的脱感作法　12
K-ABC　115
KFD　123
ゲーテ　71
ケーラー　10
ゲシュタルト療法　33, 51
嫌悪刺激　11
元型　49
元型的イメージ　49
言語の獲得　58
検査　106
検査法　105
現実原則　16
現象学的理論　4, 23
現存在分析　33

●こ
高1クライシス　96
効果の法則　10
口唇期　85, 90
構成型グループ・エンカウンター　52
構成的エンカウンターグループ　52

索 引

向性理論　5
構造論　15, 16, 20
行動主義　10
行動療法　11, 12
行動理論　11, 13
肛門期　85, 86, 90
合理化　19
合理的配慮　75
交流分析　51, 119
コーピング　52
コールバーグ　76
誤学習　9
後慣習的水準　76
心の理論　67
個人間差　6, 93, 106, 115
個人情報　104
個人心理学　49
個人内差　6, 93, 106
固着　19
コッホ　123
古典的条件づけ　10, 12
事柄のリード　45
言葉のトラブル　70, 93
個別教育支援計画　67
個別式検査　110, 114, 125
個別指導計画　67
コンピテンシー　71

●さ
サイコグラフ　7
作品法　105
参与観察法　105

●し
CAT　123
シェイピング　12
シェマ　66
シェルドン　5
ジェンドリン　34, 49
自我　16, 17, 20, 21, 70, 88, 89

自我状態　119
自我体験　71
自我の発見　71
自己一致　27, 28, 31, 38, 46, 49
試行錯誤学習　10
自己概念　70, 72
自己構造　24, 72
自己効力感　71, 93
自己実現欲求　22, 23, 24
自己制御の発達　57, 60, 70
自己中心性　66, 76
自己中心的言語　68
自己有用感　71
自己有能感　71
自己理論　24
指示的カウンセリング　33
自主性（自発性, 積極性）対 罪悪感　80
思春期妄想症　95
自傷行為　80, 94
自然科学的観察法　105
自然観察法　105
自尊感情（自尊心）　71, 94
実験観察法　105, 122
実現傾向　22, 25, 33
実念論　66
疾風怒濤　71
質問　46
質問紙調査法　105
自動思考　13
自閉症スペクトラム　57, 58, 60, 65, 67, 72, 74, 77
自閉的　60
シモン　111
社会的学習　10
社会的微笑　64
習慣　9
集合的無意識　49
集団式検査　110
集団守秘義務　91, 104, 130
自由連想法　14, 18

16PF人格検査　7, 119
守秘義務　104
シュプランガー　5, 71
シュルツ　12
純粋性　27, 28
小1プロブレム　89, 91
昇華　19
障害者差別解消法　75
条件刺激　10
条件反応　10
状態　6, 8
象徴遊び　73
象徴機能　66
衝動性　61
情動調律　40, 59, 69
承認の欲求　23
承認得点　121
情報連携　91, 93, 104, 129
初語　68
所属と愛の欲求　23
初等教育　111
自律訓練法　12
自律性 対 恥と疑惑　80
自律的道徳　76
事例研究法　105
人格　4
人工論　66
心誌　7
真の値　109, 127
新版K式発達検査　118
親密性 対 孤独　82
信頼区間　109, 116, 127
信頼性　105, 106, 107
心理劇　51
心理的離乳　71

●す
遂行力　60
スキナー　10, 12
スケーリング　48, 50

スターン　59
ストレスマネジメント　52
ストレンジ・シチュエーション法　64, 65
スモールステップ　12, 75, 97
刷りこみ　59

●せ
性格　4
性器期　87
正規分布　54
成熟優位説　67
生殖性（世代性）対 停滞　83
精神装置図　16
精神年齢　112, 115
精神分析理論　4, 13, 84, 88
精神分析療法　18
生徒指導提要　37, 38, 39, 42, 46
青年期平穏説　72
正の強化　11
正の弱化　11
生理的欲求　23, 63
積極的傾聴　25, 26, 30, 36, 39, 40, 42
接近-回避型葛藤　91
接近-接近型葛藤　91
摂食障害　94
説明と合意　127, 129
セルフ・エスティーム　71
セルフ・エフィカシー　71
前意識　14, 16, 17
前概念的思考段階　66
前慣習的水準　76
全緘黙　90
前操作期　66
潜伏期（潜在期）　87

●そ
早期対応　38
早期発見　38
相貌的知覚　66

ソーシャルスキルトレーニング（SST）
　　　　12, 13, 52
ソーンダイク　　10
測定値　　109, 115, 116, 127
ソシオグラム　　121
ソシオメトリック・テスト　　121
素朴概念　　66

●た
第一反抗期　　70, 72
体験過程　　34, 49
退行　　19
代償　　18, 19
対処行動　　17, 19, 102, 128
対人恐怖　　96
第二の誕生　　71
第二反抗期　　61, 72
代理強化　　10
「代理母」の実験　　63
達成動機　　71
脱中心化　　66, 71
脱抑制型愛着障害　　65
多動性　　61
妥当性　　105, 107, 108
多動優勢型　　61
他律的道徳　　76
男根期　　86, 87
探索活動　　58, 61, 66

●ち
チーム学校　　105, 129
知性化　　19
チック　　89, 90
知能検査　　110, 123, 125
知能指数　　108, 112, 115
チャム・グループ　　73, 74
注意欠陥多動性障害　　57, 61
注意欠如多動症　　57, 61
中1ギャップ　　89, 93
注意保持の困難　　61

超自我　　16, 17, 20, 21
調節　　66
直接性　　58
直面化　　46
直感的思考段階　　66

●て
TAT　　123
DAM　　123
DN-CAS　　115
TK式診断的親子関係検査　　121
抵抗　　18
ディスレクシア　　69
適応機制　　18, 19
適応論　　17, 18, 21
テスト・バッテリー　　125, 126
デュセイ　　119
転移　　18, 20
転換　　19
転導性の高さ　　61

●と
同一視（同一化）　　19
投影　　19
投映　　19
登園渋り　　80, 90, 91
同化　　66
道具的条件づけ　　10
投射　　19, 21
登校渋り　　91
統合失調症　　97
統合 対 絶望　　83
洞察　　10
動作法　　50
動的家族画　　123
逃避　　19
トークンエコノミー　　12
特性　　6, 8
特性論　　2, 4, 6, 7
取り入れ　　19

●な
内観療法　51
内容的妥当性　108
内言　68
内向型　5
内発的動機づけ　71
ナラティブ療法　50
成瀬悟策　50
喃語　68

●に
2語文　68
乳幼児精神発達診断法　118
乳幼児分析的発達検査法　118
人間性心理学　4, 22, 23, 32, 33, 49
認識の発達　54
認知行動療法　12, 49
認知再構成法　13
認知説　10
認知療法　12

●の
ノンバーバル　41

●は
personality　2, 4
パーソナリティ　2
パーソナリティ検査　6, 7, 105, 110, 118, 121, 122, 126
パーソナリティ理論　2
パーソンセンタード・アプローチ　33
パーテン　73
バーバル　41
パールズ　33, 51
ハーロウ　63
バーン　51, 119
バーンズ　123
ハヴィガースト　79
バウムテスト　123
白昼夢　19

暴露法　12
箱庭療法　50
ハサウェイ　119
バック　123
発達課題　79
発達検査　110, 117
発達障害者支援法　67
発達段階　79
発達の最近接領域　67
発達論　18, 84, 90
パニック障害　95
バブリング　68
パブロフ　10
場面緘黙　90
場面構成　44
バンデューラ　10, 71
反動形成　19
反応性愛着障害　65

●ひ
ピア・グループ　74
ピア・サポート　52
ピアジェ　66, 67, 73, 76
PFスタディ　123
ひきこもり　97
非指示的カウンセリング　33
非指示的リード　45
被侵害得点　121
ビッグ・ファイブ理論　7
人見知り　64
ひとり遊び　73
否認　19
ビネー　111
ビネー式　115
ヒポクラテス　5
描画療法　50
標準化　105, 106, 107, 109, 114
標的行動　9
ビンスワンガー　33

索 引

●ふ
フォーカシング　34, 49
輻輳性　113
不合理な信念　13
不注意　61
不注意優勢型　61
普通教育　111
負の強化　11
負の弱化　11
フランクル　33
プレバーバル　41, 43, 50, 93
フロイト　14, 18, 59, 84, 86, 88, 90
文章完成法　123
分析心理学　49
分離不安　64, 90, 91
分裂　19

●へ
平行遊び　73
ベーシックエンカウンターグループ　52
ベック　13
ベンダー・ゲシュタルト・テスト　122

●ほ
防衛機制　17, 19, 21, 22
報酬的刺激　11
ボウルビィ　59, 60, 63, 64
ホール　71
母子手帳　118
補償　19
ホスピタリズム　64
保存概念獲得　66
ホリングワース　71

●ま
マインドフルネス　12
マザリング　59, 70
マズロー　23
マターナル・デプリベーション　64
マッキンリー　119

マレー　123

●み
未学習　9

●む
無意識　14, 17, 20, 49
無条件刺激　10
無条件の積極的関心　27, 28, 30, 31, 32, 38
無条件反応　10

●め
明確化　46
メタ認知　70
面接調査法　105
mental age　112

●も
モデリング　10, 13, 19
森田正馬　51
森田療法　51
モレノ　51, 121

●や
矢田部達郎　119

●ゆ
勇気づけ　49
遊戯療法　50, 90
指さし　68
夢分析　49
ユング　5, 22

●よ
抑圧　17, 19
欲動　15, 84
吉本伊信　51
欲求階層説　23

●ら
来談者中心療法　33, 49
ライフサイクル論　79
ライフスキルトレーニング　52
ラポール（ラポート）　40

●り
リアリズム　66
力動論　4, 13, 17
理性　14
リビドー　15, 84

●る
類型論　2, 4
ルール遊び　73
ルソー　71

●れ
例外探し　48, 50
レヴィン　71, 89
レジリエンス　92
レスポンデント条件づけ　10
レディネス　67

連携　38
連合遊び　73
連合説　9, 10, 11
練習遊び　73

●ろ
ローエンフェルド　50
ローゼンツァイク　123
ロールシャッハ　123
ロールシャッハ・テスト　123
ロールプレイ　52
ロールレタリング　52
ローレンツ　59
ロゴセラピー　33
ロジャーズ　24, 26, 28, 32, 33, 42, 45, 49, 52
論理療法　13

●わ
Y-G性格検査（矢田部・ギルフォード性格検査）　7, 119
ワトソン　10

●著者紹介

中島義実（なかしま・よしみ）

1967年　愛知県に生まれる
2001年　名古屋大学大学院教育学研究科修了
現　在　福岡教育大学教授（博士〔教育学〕）
主著・論文　スクールカウンセラーとしての導入期実践―基盤となる発想を求めて―　風間書房　2006年
　　　　　　図説子どものための適応援助―生徒指導・教育相談・進路指導の基礎―（共著）北大路書房　2006年
　　　　　　子どもの学校適応を促進しよう―新しい校内研修のためのテキスト―（共著）ブレーン出版　2007年
　　　　　　教職志望度を左右するのはどのような体験なのだろうか―教育実習以前の体験の影響の検討―　福岡教育大学紀要66（4），39-49　2017年
　　　　　　いじめの仲裁者が現れないのはなぜか―森田らの「四層構造」修正への提言―　福岡教育大学心理教育相談研究21，1-8　2017年

キーワード 子ども理解と心理援助
―基礎知識から教員採用試験対策まで―

| 2019年3月10日 | 初版第1刷印刷 | 定価はカバーに表示 |
| 2019年3月20日 | 初版第1刷発行 | してあります。 |

著　者　　中島義実
発行所　　㈱北大路書房
〒603-8303　京都市北区紫野十二坊町12-8
電　話　(075) 431-0361㈹
FAX　(075) 431-9393
振　替　01050-4-2083

©2019　　　　印刷・製本／モリモト印刷㈱
検印省略　落丁・乱丁本はお取り替えいたします。
ISBN978-4-7628-3053-2　　Printed in Japan

・ JCOPY 〈㈳出版者著作権管理機構 委託出版物〉
本書の無断複写は著作権法上での例外を除き禁じられています。
複写される場合は，そのつど事前に，㈳出版者著作権管理機構
(電話 03-5244-5088, FAX 03-5244-5089, e-mail: info@jcopy.or.jp)
の許諾を得てください。

キーワード 生徒指導・教育相談・キャリア教育
子どもの成長と発達のための支援

小泉　令三・友清　由希子 [編著]
B5判・212頁・本体 2,500 円 + 税

1章　学校適応援助／2章　問題行動の理解と対応／3章　発達障害の理解と援助／
4章　学校教育相談／5章　生徒指導における予防・開発的アプローチ／
6章　キャリア教育／7章　地域社会・保護者との連携／8章　学校安全

キーワード 教育心理学
学びと育ちの理解から教員採用試験対策まで

永江　誠司 [編著]
B5判・200頁・本体 2,500 円 + 税

1章　教育心理学とは／2章　発達の原理・原則／3章　乳幼児期と児童期の発達／
4章　青年期以降の発達／5章　学習のしくみ／6章　記憶／
7章　メタ認知と学習方略／8章　動機づけ／9章　授業の過程／
10章　知能と創造性／11章　発達障害／12章　学級集団／
13章　教育評価／14章　教育統計

キーワード キャリア教育
生涯にわたる生き方教育の理解と実践

小泉　令三・古川　雅文・西山　久子 [編著]
B5判・200頁・本体 2,300 円 + 税

1章 キャリア教育の意義／2章 キャリア教育の理論／3章 教育課程とキャリア教育／
4章 キャリア教育の方法と技術／5章 キャリア教育の評価／6章 キャリア教育の組織と推進／7章 キャリア・カウンセリングの理論と方法／8章 小学校におけるキャリア教育／
9章 中学校におけるキャリア教育／10章 高等学校におけるキャリア教育／
11章 高等教育機関でのキャリア教育／12章 特別支援教育におけるキャリア教育／
13章 生涯にわたるキャリア教育／14章 諸外国のキャリア教育